Excel 高效应用

HR数字化管理实战

王忠超　袁林　编著

机械工业出版社
CHINA MACHINE PRESS

本书从人力资源实战出发，精选作者 20 多年线下培训课程精华，帮助企事业单位人力资源部门、从业者提升职场办公效能，用数据说话，辅助企业管理决策。

全书共 8 章，第 1 章是 Excel 数据规范，第 2~7 章是人力资源管理几个业务模块，包括员工信息管理、招聘与合同管理、考勤管理、绩效与培训管理、薪酬管理和个人所得税核算，第 8 章是人力资源管理动态驾驶舱。本书采用 Office 365 版本，包含 Office 365 软件的新工具，其他内容同样适合 Excel 2016/2019/2021 等软件版本。本书配有视频课程，可同步扫码观看本书相关知识点讲解与实例演示。

本书适合有一定 Excel 软件基础的职场人士阅读，对于关键操作步骤会用图示展现，希望能帮助读者实现快速阅读、快速掌握。

图书在版编目（CIP）数据

Excel 高效应用：HR 数字化管理实战 / 王忠超，袁林编著 . —北京：机械工业出版社，2023.2
ISBN 978-7-111-72521-3

Ⅰ. ①E… Ⅱ. ①王…②袁… Ⅲ. ①表处理软件–应用–人力资源管理 Ⅳ. ①F243-39

中国国家版本馆 CIP 数据核字（2023）第 010862 号

机械工业出版社（北京市百万庄大街 22 号　邮政编码 100037）
策划编辑：杨　源　　　　　责任编辑：杨　源
责任校对：史静怡　张　征　责任印制：李　昂
北京中科印刷有限公司印刷
2023 年 3 月第 1 版第 1 次印刷
169mm×239mm・11.5 印张・223 千字
标准书号：ISBN 978-7-111-72521-3
定价：79.80 元

电话服务　　　　　　　　　网络服务
客服电话：010-88361066　　机　工　官　网：www.cmpbook.com
　　　　　010-88379833　　机　工　官　博：weibo.com/cmp1952
　　　　　010-68326294　　金　书　网：www.golden-book.com
封底无防伪标均为盗版　　　机工教育服务网：www.cmpedu.com

前言 PREFACE

这是一个数字化的时代，企事业单位的经营发展都离不开数据分析的支持，根据数据分析结果，即时掌握业务管理状态，规划未来发展。微软的 Office 软件是目前办公领域应用很广的工具软件之一。软件版本也在不断更新，目前最新的版本是 Office 365，软件中出现了很多新函数、新图表和智能工具。这对于解决办公方面的数据处理，特别是人力资源和行政管理方面的数据，有很大的促进和提升作用。

在 Excel 培训课程中，很多学员来自人力资源和行政管理部门，也总会听到他们抱怨每到月底、月初特别忙，因为会有很多 Excel 数据表格要处理。也有学员咨询问题，把案例样表发过来，结果发现表格在设置上很不规范，导致数据统计处理浪费大量的时间和精力。

本书就将 Excel 软件功能和实际应用相结合，向读者介绍高效处理人力资源数据管理的工具和方法。书中的操作界面适合 Excel Office 365，绝大部分内容适合 Excel 2016/2019/2021。

本书内容

全书共 8 章，第 1 章是 Excel 数据规范，第 2~7 章是人力资源管理几个业务模块，第 8 章是 HR 管理动态驾驶舱，实现动态图表呈现汇报。

第 1 章　人力资源 Excel 数据规范，主要介绍表格设计的三种规范，数据规范化的三大工具等，这些都是 Excel 表格设计的基础。

第 2 章　员工信息管理，包含身份证号信息处理、列表输入、自定义排序、表格核对和人力资源盘点等工具的应用。员工基础信息表是人力资源管理必备的基础表格。

第 3 章　招聘与合同管理，包含招聘计划数据汇总和效果分析，批量制作简历文件目录，批量发送面试通知单，合同管理中的到期计算和预警，以及批量生成合同文件。

第 4 章　考勤管理，制作能自动标记周末和节假日的考勤表，用信号灯标记考勤数据，并根据司龄计算年假天数，根据员工实际工作日计算和发放加班补贴等。

第 5 章　绩效与培训管理，介绍四种绩效评价公式：多条件结果判断、绩效中国式排名、绩效评价矩阵盘点和 360 度评价表整理。

第 6 章　薪酬管理，介绍薪酬数据计算的常见问题、多种奖金计算方法、薪酬等级套档匹配、宽带薪酬图表绘制和薪酬多维度分析等。

第 7 章　个人所得税核算，对政策进行解读，介绍工资、劳务报酬和年终奖个税预缴公式，年度汇算清缴核算和税后推算税前收入的方法。

第 8 章　人力资源管理动态驾驶舱，介绍用表单控件制作动态图表、人力资源管理思想线图，以及用 Power BI 制作人力资源驾驶舱的趋势。

其中，第 1、2、5、6、7 章由王忠超编写，第 3、4、8 章由袁林编写，全书由王忠超进行修订完稿。

本书特点

全书内容根据数据分析设计案例，将 Excel 的各个功能组件规范使用思路与操作技巧融合在不同的章节模块中。

本书主要有以下特点：

1）**逻辑结构清晰**。每章在前面有知识思维导图，除了必备的知识点之外，还有知识拓展，读者可以轻松掌握关键知识要点。

2）**还原实战场景**。书中的案例有场景有问题，尽可能还原工作中的实际场景，让读者掌握后容易举一反三进行应用。

3）**融合最新政策**。专门通过第 7 章分析介绍新个税核算，包含读者关注的薪金、劳务和年终奖等缴税计算方法的变化。

4）**图解关键步骤**。本书没有采取详细列举操作步骤的撰写方法，仅对关键步骤进行图示标记说明。

5）**配套视频教学**。将书中讲解的案例素材文档进行分享，方便读者学习和演练，并提供**讲解视频**，扫描书中二维码即可观看，提高学习效率。

本书适合对象

本书适合有一定 Excel 软件基础的职场人士阅读，对于关键操作步骤会用图示展现，希望能帮助读者实现快速阅读、快速掌握。

感谢

本书从 2022 年 5 月开始撰写,到 2022 年 10 月完成初稿。在写作过程中,感谢家人全力支持。

反馈

书中难免有错误和疏漏之处,希望广大读者朋友批评指正,可以通过以下方式联系我们。

邮箱:wzhchvip@163.com

微信公众号:**Office 职场训练营**

本书的提高和改进离不开读者的帮助和时间的考验。

编　者
2022 年 10 月

前　言

第 1 章　人力资源 Excel 数据规范 ··· 1
1.1　表格规范——好习惯事半功倍 ··· 1
　　1.1.1　名称规范 ··· 2
　　1.1.2　结构规范 ··· 3
　　1.1.3　格式规范 ··· 4
　　1.1.4　表格使用中的那些"坑" ··· 5
1.2　快速填充——智能取值与合并 ··· 7
　　1.2.1　提取数字和文本 ··· 8
　　1.2.2　身份证号提取生日 ··· 9
　　1.2.3　文本合并 ··· 9
1.3　数据验证——限制数据输入 ··· 10
　　1.3.1　限定输入范围 ··· 11
　　1.3.2　制作下拉列表 ··· 12
　　1.3.3　输入提示 ··· 13
　　1.3.4　禁止输入重复值 ··· 14
1.4　数据分列 ··· 14
　　1.4.1　分隔符号 ··· 15
　　1.4.2　固定宽度 ··· 15
　　1.4.3　日期规范化 ··· 16

第 2 章　员工信息管理 ··· 18
2.1　身份证号信息提取和计算 ··· 19

    2.1.1　提取性别 ………………………………………………………… 19
    2.1.2　提取出生日期 …………………………………………………… 20
    2.1.3　计算年龄和工龄 ………………………………………………… 21
    2.1.4　计算生日并提醒 ………………………………………………… 23
    2.1.5　计算退休日期 …………………………………………………… 25
    2.1.6　匹配省份信息 …………………………………………………… 26
  2.2　制作二级联动岗位下拉列表 ……………………………………………… 28
  2.3　员工信息排序 ……………………………………………………………… 31
    2.3.1　按姓氏笔画排序 …………………………………………………… 31
    2.3.2　按职务高低排序 …………………………………………………… 32
  2.4　批量导入员工照片 ………………………………………………………… 35
  2.5　制作模糊匹配的下拉列表 ………………………………………………… 39
  2.6　人事数据表的两表核对 …………………………………………………… 42
  2.7　根据部门层次补全部门编码与名称 ……………………………………… 43
  2.8　用数据透视表实现人力资源盘点 ………………………………………… 46

第 3 章　招聘与合同管理 …………………………………………………………… 53
  3.1　招聘计划数据汇总 ………………………………………………………… 53
  3.2　批量制作 Word 简历文件目录 …………………………………………… 58
  3.3　批量制作并使用邮件发送面试通知单 …………………………………… 61
    3.3.1　初识邮件合并 ……………………………………………………… 61
    3.3.2　使用邮件合并制作面试通知单 …………………………………… 62
    3.3.3　利用"条件域"进行条件设置 …………………………………… 65
    3.3.4　合并发送电子邮件 ………………………………………………… 66
  3.4　招聘效果分析图表 ………………………………………………………… 66
    3.4.1　空岗率：双层环形图 ……………………………………………… 67
    3.4.2　离职率：图钉图 …………………………………………………… 68
    3.4.3　招聘转化率：漏斗图 ……………………………………………… 70
  3.5　合同管理 …………………………………………………………………… 71
    3.5.1　用 EDATE 函数计算合同到期日 ………………………………… 71
    3.5.2　合同到期天数计算和预警 ………………………………………… 73
    3.5.3　批量生成合同的日期和金额显示 ………………………………… 74

第 4 章　考勤管理 ··· 77

4.1　根据月份自动显示日期的考勤表 ················· 77
4.2　自动标记周末和节假日的考勤表 ················· 79
4.2.1　标识双休日 ··· 79
4.2.2　标识法定节日 ······································· 80
4.3　用信号灯标记考勤数据 ································ 82
4.4　根据司龄计算年假天数 ································ 84
4.4.1　计算员工司龄 ······································· 84
4.4.2　匹配年假天数 ······································· 85
4.5　员工实际工作日的计算 ································ 86
4.5.1　统计考勤天数 ······································· 86
4.5.2　统计加班时间 ······································· 88
4.5.3　发放加班补贴 ······································· 89

第 5 章　绩效与培训管理 ·· 93

5.1　绩效评价 ··· 93
5.1.1　全域线性插值评价 ······························· 94
5.1.2　区间线性插值评价 ······························· 95
5.1.3　区间阶梯评价 ······································· 96
5.1.4　绩效星级评价 ······································· 97
5.2　绩效排名 ··· 98
5.3　多条件结果判断 ··· 99
5.4　九宫格矩阵绩效盘点 ································· 101
5.4.1　分数矩阵查询 ····································· 101
5.4.2　名单矩阵呈现 ····································· 103
5.5　360 度评价表整理 ····································· 105
5.5.1　函数取值法 ··· 106
5.5.2　Power Query 变形法 ························· 108
5.6　制作智能培训时间表 ································· 111

第 6 章　薪酬管理 ··· 114

6.1　薪酬数据计算常见问题 ····························· 114
6.1.1　为什么汇总差了 1 分钱 ····················· 115

6.1.2　入职、转正或调薪当月薪资计算 …………………………… 117
　　6.1.3　区间奖金计算 …………………………………………………… 118
　　6.1.4　阶梯累进奖金计算 ……………………………………………… 119
　　6.1.5　双因素矩阵奖金计算 …………………………………………… 121
6.2　薪酬等级套档匹配 ……………………………………………………… 122
　　6.2.1　双因素矩阵匹配 ………………………………………………… 123
　　6.2.2　薪酬方案调整匹配 ……………………………………………… 123
6.3　快速制作工资条 ………………………………………………………… 125
　　6.3.1　排序法 …………………………………………………………… 125
　　6.3.2　函数取值法 ……………………………………………………… 126
6.4　薪酬等级宽带图绘制 …………………………………………………… 127
6.5　制作全年薪酬分析台账 ………………………………………………… 129
6.6　薪资结构多维度分析 …………………………………………………… 133
　　6.6.1　按部门的薪酬分析 ……………………………………………… 133
　　6.6.2　薪酬构成分析 …………………………………………………… 135
　　6.6.3　时间维度分析 …………………………………………………… 137

第7章　个人所得税核算 ………………………………………………… 140

7.1　个税预缴计算公式 ……………………………………………………… 140
7.2　1月份工资个税预缴计算 ……………………………………………… 142
7.3　2~12月工资个税预缴计算 …………………………………………… 143
7.4　劳务报酬缴税核算 ……………………………………………………… 145
7.5　年终奖缴税核算 ………………………………………………………… 147
　　7.5.1　年终奖计税公式 ………………………………………………… 148
　　7.5.2　年终奖计税的两种方法 ………………………………………… 149
　　7.5.3　年终奖计税临界点测算 ………………………………………… 150
7.6　年度汇算清缴核算 ……………………………………………………… 151
7.7　由税后推算税前收入 …………………………………………………… 153
　　7.7.1　工资薪金推算 …………………………………………………… 153
　　7.7.2　劳务报酬推算 …………………………………………………… 154

第8章　人力资源管理动态驾驶舱 ……………………………………… 156

8.1　人力资源管理四象限图 ………………………………………………… 156

8.2　用表单控件制作动态控制按钮 …………………………………………… 162
8.3　建立动态数据图表 ………………………………………………………… 165
　　8.3.1　按指定月份呈现的动态图表 ……………………………………… 165
　　8.3.2　按日期范围呈现的动态图表 ……………………………………… 166
　　8.3.3　按复选按钮呈现的动态图表 ……………………………………… 169
8.4　用 Power BI 制作人力资源驾驶舱 ………………………………………… 171

附录　常见 Excel 快捷键 ………………………………………………… 173

第1章

「人力资源Excel数据规范」

常看到很多从事人力资源工作的伙伴们处理数据表格时很辛苦，特别是在月底、月初时，数据提交有时间限制要求，经常要加班加点来完成。究其原因，除了时间紧、工作表多和数据处理复杂之外，更多的是在表格设计方面不规范。在处理 Excel 表格数据的过程中，需要掌握表格规范和数据规范等方面的知识。

本章主要介绍表格设计的规范和三种常用的数据规范工具。笔者将本章知识结构做成了思维导图，见图 1-1。

图 1-1 第 1 章知识结构思维导图

1.1 表格规范——好习惯事半功倍

很多从事人力资源工作的伙伴们常常忙于处理不规范的数据和表格，浪费了很多宝贵时间。可下次处理同样的问题时，还是用惯用的方法，习惯也需要规范。因为表格设计不规范导致数据处理统计的工作量大大增加。本节主要介绍 Excel 表格设计的名称规范、结构规范和格式规范，以及要避免的表格制作"陋习"。

1.1.1 名称规范

Excel 表格涉及的名称主要分为存放文件夹名称、工作簿名称和工作表名称三类，见图 1-2。

图 1-2　Excel 表格管理的三类名称

常常看到很多人的计算机桌面上，堆放着无序和混乱的文件，极大地影响了计算机性能和办公效率。很多人会认为硬盘空间又不够了，计算机性能又跟不上了，需要再换一台新的计算机了。事实上，我们真正需要的是坐下来，好好花时间将计算机里的文件真正管理起来，会为自己日后的工作节省更多的时间。

建议对文件和文件夹进行分类管理和规范命名。按照工作和生活需要，建立合理的文件保存架构。为方便管理，文件夹层级不要太多，层级数量一般不超过 5 个。此外所有的文件和文件夹，都要规范化地命名。

常用的文件命名方法有编号法和日期法，如图 1-3 所示。

图 1-3　文件夹和文件命名

编号法可以根据文件夹、文件的重要程度或处理流程的顺序进行编号，不至于排序时打乱原有顺序。日期法将数据记录日期或文件存储日期放在前面，有助于按照月份或日期进行排序。当然有人也习惯将日期放在名称后面，只是不能保证按日期排序了。

但对处理大量数据文档的人们来说，单层级的文件命名已不完全适用，可以采取多层级的命名方法。可以遵照"**时间-项目类别-名称关键词-相关人员**"四层格式进行命名，比如 **202207-校园招聘-北京××大学-招聘主管刘菲菲**。

工作表名称主要根据表格数据的用途和时间进行命名，比如"2022 年 11 月招聘计划表"。工作表名称和内容要一致，"2022 年 11 月招聘计划表"中就不能出现面试、笔试等数据，如有类似数据，建议单独保存一张工作表，避免数据混淆。

同一类工作簿的名称也应保持一致的格式，以方便表格数据更新时批量修改公式引用，如薪酬福利台账名称为"2022 年 1 月薪酬计算表"，那么其他月份的名称应分别为"2022 年 2 月薪酬计算表""2022 年 12 月薪酬计算表"，而不应为"2 月薪酬计算表"或"公司 22 年 10 月薪酬表"等表格名称。

1.1.2 结构规范

在实际工作中，先根据数据量的大小和表格用途来确定选用表格的类型，然后确定各类表格的结构和布局，主要分为清单型表格（见图 1-4）和报表型表格（见图 1-5）两类。

	A	B	C	D	E	F	G	H	I	J
1	员工工号	姓名	性别	部门	岗位	职级	身份证号	入职日期	离职日期	文化程度
2	AS0001	李凯	男	总经办	总经理	15	464809197502122953	2020/1/1		本科
3	AS0002	王发	男	总经办	副总经理	14	522196198607241005	2020/6/19		本科
4	AS0003	马攻	女	总经办	副总经理	14	211671198701174825	2020/11/19		研究生
5	AS0004	刘然	男	总经办	总经理助理	9	452159198709173459	2020/8/20		本科
6	AS0006	刘洋	女	总经办	总经理助理	9	545609199401021454	2020/8/31	2021/8/1	本科
7	AS0007	于菲	女	总经办	总经理助理	8	314913199205302364	2020/2/12		专科

图 1-4 清单型表格示意图

1. 清单型表格

清单型表格以方便数据分析处理为原则，不同类别的信息用不同字段来表达和存储，避免同一列信息存储多类信息。

用途：主要用于存储基础数据，其数据来源主要是直接录入，也可能是外部数据导入，如员工信息表、薪酬计算表、培训签到表都是存储数据型表格。

	A	B	C	D
1			类别	当月发生额
2	薪酬费用支出	工资补贴	基本工资	500600.00
3			岗位工资	202040.00
4			绩效工资	303060.00
5			工龄补贴	23020.00
6			小计	1,028,720.00
7		保险税金	社会保险	67691.30
8			住房公积金	28627.70
9			劳务费	58492.00
10			个人所得税	50199.80
11			小计	205,010.80
12			薪酬费用支出合计	1,233,730.80

图 1-5 报表型表格示意图

清单型表格特点：
- 结构布局合理，重要字段排在前面，以方便查找引用数据。
- 要有列标题，字段名不能重复。
- 各条数据记录间不能有空行空列，尤其是行间不能有用合计等公式计算得出的数据。
- 同一列为同一数据类型，且要保证各列数据格式的规范性。
- 不能有合并单元格。

2. 报表型表格

报表型表格以用户需求为原则，准确直观地反映信息。

用途：当数据量较大时，将信息经过加工处理后提炼而成，比如各种汇总表、人员报表、薪酬报表等。

报表型表格特点：
- 要求结构合理清晰、重点突出、排版美观，同时要方便阅读与打印。
- 该类表格的数据最好能用公式从清单型表格中引用或自动取数、自动生成。
- 注意保护工作表，防止误操作破坏公式与数据。
- 该类表格要准确表达信息使用者需要的信息，表格排版要考虑使用者的习惯。

1.1.3 格式规范

表格中的各类数据要使用统一和规范的格式，方便表格使用者加工处理，且统一的要求排在规范要求之前，比如日期型数据不能输入20220906、2022.9.6、22.9.6等不规范的格式，即使输入格式不规范，也要保持统一，方便表格使用者批量修改。

比如将2022年9月6日在Excel中输入为：2022.9.6。这样，软件只会当文本处理，无法认为是时间，自然也就无法参与计算了。

图1-6列出了Excel中常见的规范和不规范的日期格式，不规范的日期在Excel中不能直接进行日期的查询、统计和计算，需要进行规范化才能实现这三种操作。

图1-6　日期格式规范对比

1.1.4 表格使用中的那些"坑"

每个人在不同的时期,对 Excel 的理解和熟练程度不同,都会形成一些后来认为是不好的习惯,很可能会降低 Excel 的功能,也会给自己挖了好多"坑"。下面说说表格使用中几个常见的陋习。

1. 合并单元格

有人会觉得合并单元格很好用或者合并居中很好看,不但在标题行使用,甚至表格中还要不停地使用。千万记住,合并单元格是 Excel 表格中的"毒素",最好离得远远的。如图 1-7 所示,很多人习惯做成左图的样子,表格确实好看很多并有层次感,但是在数据统计的时候会非常麻烦。

图 1-7 合并单元格示意

比如需要统计北京和山东的销量数据合计,就会使原本很简单的公式变得复杂。而做成右图的效果,用 SUMIFS 公式或数据透视表都很容易完成。其实这类问题在表格设计阶段完全可以避免,尽量少做或不做单元格合并。如果在表格中做了单元格合并,请保留下最原始的未合并数据,这样最终的数据统计会简单很多。

2. 多行表头

我们经常会见到这样的表头,如图 1-8 所示。

图 1-8 多行表头示意

除了合并单元格,还出现了行 1 和行 2 两层表头。这样的表格,很多功能也会无法使用。比如应用数据透视表就会有图 1-9 的错误提示。

图 1-9　多行表头的表格透视错误提示

3. 多空格

中国人的名字有三个字的，也有两个字的。有些人为了所谓的美观，常常在两个字的名字中间敲空格键。可是常常敲的空格键个数又不一致。Excel 可是分得很清楚，稍微有一点不同就认为是两个不同的人。

如图 1-10 所示，单元格 B2 和 B4 都是业务员"赵军"，但是单元格 B2 中输入了空格，Excel 就会认为是不同的姓名，会直接影响数据统计或透视的结果。

	A	B	C	D
1	日期	业务员	发票号	发票金额
2	2018/3/10	赵　军	02995606	100000
3	2018/5/15	孙林	05895807	150000
4	2018/10/25	赵军	12995610	75000
5	2018/12/18	刘英玫	18895830	60000

图 1-10　姓名包含空格示意

4. 同一单元格信息太多

请看图 1-11 上图的表格，如何计算？这样的表格曾经困扰很多人，只能用手工办法或者计算器计算好，再输入 C 列单元格中。如果这样做基础表，到月末和年终统计时绝对会成为大忙人。

	A	B	C
1	规格说明	数量	金额
2	玻璃幕墙：21千克/平方米	27	
3	石材幕墙：20千克/平方米	18	?
4	墙砖：简一 420元/平方米	38	
5	石材：东夏 330元/平方米	37	
6	合计		

	A	B	C	D	E
1	材料	单价	单位	数量	金额
2	玻璃幕墙	21	千克/平方米	27	567
3	石材幕墙	20	千克/平方米	18	360
4	墙砖	420	元/平方米	38	15960
5	石材	330	元/平方米	37	12210
6	合计				29097

图 1-11　单元格内信息太多

因为 A2~A5 单元格中包含了材料、单价和单位三类信息，通过改进将这三类信息分拆在三列单元格中，如图 1-11 所示。

也有很多人在输入客户地址信息时，会把省份、城市、所在区的信息放在同一列，如图 1-12 左图所示。这样的设计在按照省份、城市、区进行分级统计的时候，一般需要用函数提取数据或对数据进行分列。

图 1-12　地址信息规范

为了避免这种情况，建议大家把表的单元格信息做到原子化。这样会给数据统计带来很大的便利。不必因为数据统计用公式或分列提取信息而浪费大量时间，而且做透视表、分类汇总都会非常方便。

上面介绍了 Excel 表格数据管理的一些分类和基本原则，有助于读者建立良好的数据管理理念，大家在平时的工作中要注意以下几方面数据管理习惯的培养：

- 当要设计和创建一个 Excel 表格时，要根据想要实现的目的来选择正确的表格类型（**清单型表格**或者**报表型表格**）；
- 录入数据时对于同一类型的数据录入规则和格式要统一；
- 需通过计算得出结果的单元格要尽量使用公式，不直接输入结果；
- 公式中尽量少用常数项，可以引用某单元格的数据，方便统一修改公式；
- 尽量不要使用合并单元格；
- 定期进行数据备份，临时性的操作最好在复制的副本上进行。

1.2 快速填充——智能取值与合并

快速填充功能是从 Excel 2013 开始出现的，可以让数据更智能填充，免去要记很多函数的烦恼，是笔者重点推荐的工具。

快速填充功能要求先手工做一个示范，然后 Excel 软件才可以自动找出规律性的填充方法，快捷键是【Ctrl+E】。图 1-13 中是通过身份证号计算出生日期的效果。

"快速填充"功能不仅可以实现批量提取的效果，而且在提取的同时还可以将两列单元格的不同内容合并起来。例如 B2 单元格是"财务部"，C2 单元格是

Excel 高效应用：
HR 数字化管理实战

	A	B	C	D	E
1	身份证号	出生年	出生月	出生日	生日
2	445281198010135670	1980	10	13	1980/10/13
3	610114197010170011	1970	10	17	1970/10/17
4	610303197404120035	1974	4	12	1974/4/12
5	210881198507066648X	1985	7	6	1985/7/6
6	120103196802283217	1968	2	28	1968/2/28
7	110108197103062735	1971	3	6	1971/3/6
8	410105196510052814	1965	10	5	1965/10/5
9	371481198006100098	1980	6	10	1980/6/10

图 1-13　快速填充智能取取

"经理"，现在希望得到"财务部经理"的结果，常规方法需要用到文本合并符号"&"。同样可以利用"快速填充"解决这一问题。见图 1-14。

	A	B	C	D
1	姓名	部门	职务	岗位名称
2	张晓寰	财务部	经理	财务部经理
3	杨宝春	人力资源部	经理	人力资源部经理
4	林海	人力资源部	主管	人力资源部主管
5	刘学燕	人力资源部	专员	人力资源部专员
6	许东东	研发部	经理	研发部经理
7	王川	研发部	主管	研发部主管
8	连威	财务部	主管	财务部主管
9	艾芳	财务部	专员	财务部专员

图 1-14　快速填充智能合并

快速填充可以让数据更智能地填充，免去要记很多函数的烦恼，其位置如图 1-15 所示。

图 1-15　快速填充按钮位置

1.2.1　提取数字和文本

很多时候，需要提取字符串中的数字或字符串，常规方法需使用 LEFT、RIGHT、MID、FIND 等文本函数提取，或者使用分列功能。其实，使用"快速填充"功能则相对简单了很多，例如图 1-16 中 A 列单元格信息太多，不利于统计。在 B2~D2 单元格中输入正确的内容后，用鼠标依次单击 B3、C3 和 D3，用快速填充就可以轻松实现批量填充。

第 1 章
人力资源 Excel 数据规范

图 1-16　快速填充提取数字和文本

1.2.2　身份证号提取生日

身份证信息包含了出生日期，在以往的 Excel 版本中需要使用函数或公式来提取。利用"快速填充"可以直接提取生日信息。

图 1-17 是先提取出生年、月和日，再组合成生日。E 列是日期格式，如果要提取 8 位文本日期（例如"19801013"）也可以直接提取，但不是标准化日期格式，不能进行日期的统计查询和运算。

	A	B	C	D	E	F
1	身份证号	出生年	出生月	出生日	生日	
2	445281198001035670	1980	10	13	1980/10/13	
3	610114197010170011	1970	10	17	1970/10/17	
4	610303197404120035	1974	4	12	1974/4/12	快速填充
5	210881198507066648X	1985	7	6	1985/7/6	
6	120103196802283217	1968	2	28	1968/2/28	
7	110108197103062735	1971	3	6	1971/3/6	
8	410105196510052814	1965	10	5	1965/10/5	
9	371481198006100098	1980	6	10	1980/6/10	

图 1-17　快速填充提取生日

1.2.3　文本合并

"快速填充"功能不仅可以实现批量提取的效果，而且在提取的同时还可以将两列单元格的不同内容合并起来。例如 A2 单元格是"杨宝春"，B2 单元格是"人力资源部"，C2 单元格是"经理"，现在希望得到"杨宝春（人力资源部经理）"的结果，常规方法需要用到文本合并符号"&"。同样可以利用"快速填充"解决这一问题，如图 1-18 所示。

快速填充完毕后需要检查下填充是否有错误，毕竟由系统自动识别和填充，不能保证填充完全准确。

图 1-18　快速填充合并文本

1.3 数据验证——限制数据输入

培训中常常听到学员在抱怨，说发下去的表格收上来的时候面目全非，部门名称明明是"市场营销部"，有写"市场部"的，也有写"营销部"的，还有把今年订单发货日期写成明年的，年龄写成负的，类似的例子数不胜数。

其实，这样的事情完全可以避免。管理上有个词叫作"事前控制"，提前把数据输入的规则设置好，不符合规则的数据禁止输入，这样就节省了大量后期整理数据的时间。

笔者一般都会建议学员使用【数据验证】的功能，在 Excel 2010 中称为【数据有效性】，非常适合表格分发填写。见图 1-19。

图 1-19　数据验证按钮位置

在【数据验证】-【设置】-【允许】的下拉列表中，存在 7 种限制类型，分别是"整数""小数""序列""日期""时间""文本长度""自定义"。如图 1-20 所示。

其中的"序列"类型，可以对选定区域创建验证下拉列表。结果如图 1-21 所示。

这样在收集人力资源相关信息数据时，就可以按指定的内容进行输入，保

图 1-20　数据验证类型

图 1-21　制作下拉列表

证基础数据从源头上的规范性。

如何让数据更规范？为了节省了大量后期整理数据的时间，推荐用【数据验证】实现事前控制，提前把数据输入的规则设置好，不符合规则的数据禁止输入。数据验证只限制输入当前活动单元格的数据，之前已经输入的内容不会限制。

1.3.1　限定输入范围

再如 B 列数据是年龄，输入年龄的范围在 1～100，可以先选择要设置的区域，通过图 1-22 中的显示方法进行设置：

图 1-22　数据验证整数限制示例

另外，还可以对小数范围、日期时间范围，以及文本的长度进行同样的设置，具体不再举例。类型中最后还有一个"自定义"，用于设置具体的公式，根据公式的要求来限制输入的内容。

1.3.2　制作下拉列表

数据验证限制类型中的"序列"可以对选定区域创建验证下拉列表，有两种方法可以设置序列所引用的数据。

1. 直接输入

不同项之间用英文半角逗号（,）隔开，如图 1-23 所示。

图 1-23　直接输入制作下拉列表

2. 引用区域

在【设置】-【来源】中，可以直接选择对应的数据区域，如图 1-24 所示。

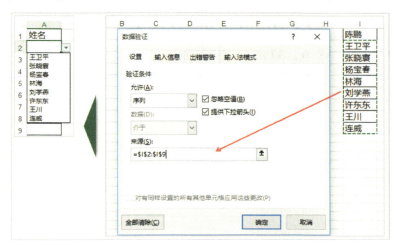

图 1-24　引用区域制作下拉列表

1.3.3　输入提示

为了让表格设计更具人性化，建议在限制输入的单元格区域能做事前提示，提前让填表人了解输入规则，这要用到【输入信息】的页签。

以图 1-22 为例，限制输入数据范围是 1-100，在【输入信息】中输入标题和内容，如图 1-25 所示。

当选定设置的单元格时，会自动有刚才输入信息的提示，效果见图 1-26。

图 1-25　数据验证的输入提示　　　　图 1-26　数据验证输入提示效果

1.3.4 禁止输入重复值

如果要保证 A 列不允许输入同样的数据，就可以通过设置【自定义】来实现。首先选中 A 列，然后在自定义中输入以下公式：

＝COUNTIF（A：A，A1）＝1（见图 1-27）

图 1-27　数据验证自定义公式示例

先了解一下 COUNTIF 函数的语法结构：
- COUNTIF（条件区域，条件）

公式的意义为判断 A 列中 A1 的个数是否为 1，使用相对引用可以实现选中区域的数值不能重复。

1.4 数据分列

Excel 数据分列功能很强大，可以通过特定分隔符号或固定宽度，将单元格的文本进行分离，将一个单元格的数据分解成多列数据，分列按钮位置如图 1-28 所示。

图 1-28　分列按钮的位置

第 1 章
人力资源 Excel 数据规范

根据笔者在企业培训中学员的反馈，针对数据分列功能主要介绍 4 个功能应用。

1.4.1 分隔符号

从考勤机导出的数据有时候日期和时间都在一个单元格，如图 1-29 所示，用分隔符号中的"空格"可以把日期和时间分成不同的列。

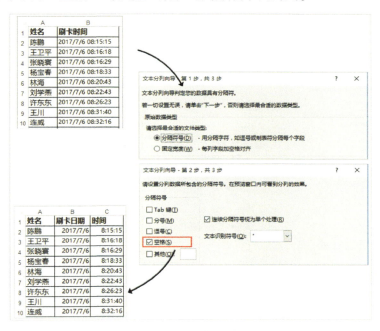

图 1-29　分隔符号分列

具体使用哪一个分隔符号，要看单元格中的数据特点，可以在"Tab 键、分号、逗号、空格" 4 种符号中勾选，如果这 4 种都不是，那么勾选"其他"，并在后方输入框中输入实际的符号即可。

1.4.2 固定宽度

从名称上就能看出，要从数据中的固定位置分列，可以用这个功能。比如从身份证号中取出员工生日，除了函数取值外，也可以用分列功能，不需要记函数，效果如图 1-30 所示。

主要操作步骤见图 1-31。

❶ 选择【固定宽度】。主要步骤说明如下；

❷ 在指定位置【单击】可以添加分列线，【双击】取消分列线，用鼠标拖

	A	B
1	姓名	身份证号
2	陈鹏	445281198010185670
3	王卫平	610114197010170011
4	张晓寰	610303197404120035
5	杨宝春	21088119850706648X
6	林海	120103196802283217
7	刘学燕	110108197103062735
8	许东东	410105196510052814
9	王川	371481198006100098
10	连威	110101196811254069

	A	B	C
1	姓名	身份证号	生日
2	陈鹏	445281198010185670	1980/10/18
3	王卫平	610114197010170011	1970/10/17
4	张晓寰	610303197404120035	1974/4/12
5	杨宝春	21088119850706648X	1985/7/6
6	林海	120103196802283217	1968/2/28
7	刘学燕	110108197103062735	1971/3/6
8	许东东	410105196510052814	1965/10/5
9	王川	371481198006100098	1980/6/10
10	连威	110101196811254069	1968/11/25

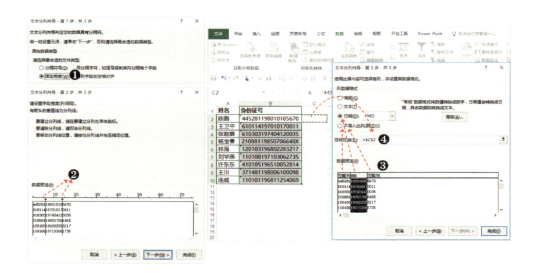

图 1-30　固定宽度分列效果

图 1-31　固定宽度分列步骤

拽可以移动分列线；

❸ 在数据预览区，第 1 列和第 3 列不导入，第 2 列选择“日期”格式中的“YMD”样式，快速日期规范化；

❹ 目标区域如果默认，就会覆盖原区域数据，可以选择旁边的单元格，保留原数据。

1.4.3 日期规范化

分列功能有利于数据分析，有时候并不一定都是一分为多，可以保持位置不动，变化的是单元格格式，这适合对数据进行批量规范化，比如日期的规范化。

分列功能可以很好地解决这几种不规范日期格式的问题。选择不规范数据后，在分列操作向导的第 3 步设置日期格式，"YMD" 表示按 "年月日" 的顺序显示，目标区域不更改，就可以在原区域快速规范日期格式，而且一次可以操作多种不规范的日期格式，特别方便。操作过程如图 1-32 所示。

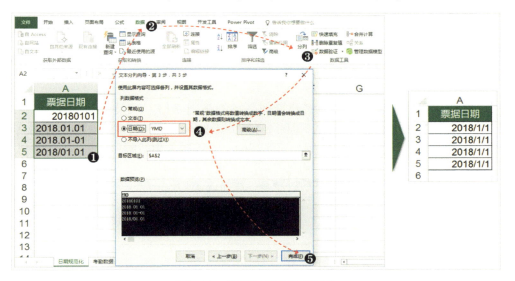

图 1-32　分列实现日期规范化

第 2 章

「员工信息管理」

员工基础信息表，是人力资源管理必备的基础表格。从员工信息表中，可以统计和计算员工的各种信息，见图 2-1。员工档案为员工的薪资调整、绩效考核、招聘录用等提供了原始依据，更能帮助企业规避人事风险。

	A	B	C	D	E	F	G	H	I	J
1	员工工号	姓名	性别	部门	岗位	职级	身份证号	入职日期	离职日期	文化程度
2	AS0001	李凯	男	总经办	总经理	15	464809197502122953	2020/1/1		本科
3	AS0002	王发	男	总经办	副总经理	14	522196198607241005	2020/6/19		本科
4	AS0003	马攻	女	总经办	副总经理	14	211671198701174825	2020/11/19		研究生
5	AS0004	刘然	男	总经办	总经理助理	9	452159198709173459	2020/8/20		本科
6	AS0006	刘洋	女	总经办	总经理助理	9	545609199401021454	2020/8/31	2021/8/1	本科
7	AS0007	于非	女	总经办	总经理助理	8	314913199205302364	2020/2/12		专科
8	AS0008	丘可	女	人力资源部	部门经理	12	424046196312191087	2020/5/23		研究生
9	AS0009	杨有	女	人力资源部	招聘专员	6	433251197302043673	2020/3/12	2021/6/8	本科
10	AS0010	刘紫	男	人力资源部	薪酬专员	7	822608197209074585	2020/5/30	2022/2/19	本科
11	AS0011	张起	男	人力资源部	招聘主管	8	533276197902251174	2020/11/16		本科
12	AS0015	胡秋	女	人力资源部	薪酬主管	8	425250199202121510	2020/5/25	2021/6/18	本科

图 2-1　员工信息表

本章主要介绍员工信息提取、排序、核对、统计常用的数据处理工具和方法。本章知识结构思维导图见图 2-2。

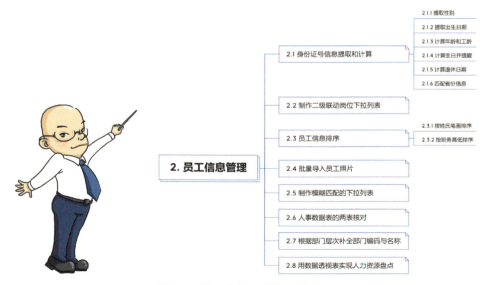

图 2-2　第 2 章知识结构思维导图

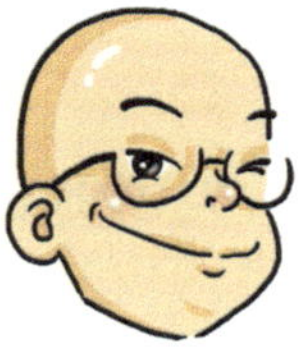

2.1 身份证号信息提取和计算

总有人力资源的伙伴咨询，如何从身份证号中计算性别、生日和年龄等信息。这里笔者推荐给读者身份证号在 Excel 中的常用计算公式和处理技巧。我国身份证号码是 18 位，其中前 2 位代表省/自治区/直辖市，3-4 位代表市，5-6 位代表县区，7-14 位代表出生年月日，15-16 位代表所在地派出所代码，第 17 位数字中奇数表示男性、偶数表示女性，第 18 位数字是校验码。

现在我们一起从身份证号中提取和计算以下信息：性别、出生日期、年龄、下一次生日、到期天数、退休年龄、退休日期和籍贯等，见图 2-3。

图 2-3 人力资源身份信息表

2.1.1 提取性别

身份证号中的倒数第 2 位（即第 17 位）是表示性别的数字，用数字的奇偶性来表示，奇数表示为"男"，偶数表示为"女"，如图 2-4 所示。所以我们的解决思路分为三步：

（1）提取身份证号第 17 位的数字；
（2）判断数字的奇偶性；
（3）根据奇偶性标记性别。

可以用组合函数来实现，在 H2 单元格中输入公式：

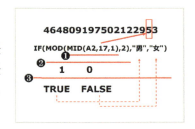

图 2-4 从身份证号提取性别说明

`=IF(MOD(MID(G2,17,1),2),"男","女")`

公式说明：

MID 函数获取倒数第 17 位数字。

MOD 是取余数函数，在这里用于判断除以 2 的余数是否等于 1，返回 TRUE 或 FALSE 的结果，即判断奇偶性。

IF 函数根据奇偶性标记性别，TRUE（即余数为 1）返回"男"，偶数（即余数为 0）返回"女"。结果见图 2-5。

图 2-5 从身份证号提取性别示例

2.1.2 提取出生日期

身份证号中从第 7 位到第 14 位表示出生的年月日，直接提取出来是 8 位数字，不是规范化的日期，需要转换成标准的日期格式。在这里，我们用两种方法提取出生日期，分别是函数公式和快速填充。

方法 1：函数公式

在 C2 单元格中输入如图 2-6 所示的公式：

```
=--TEXT(MID(G2,7,8),"0000-00-00")
```

单元格格式需要设置为日期格式。

公式说明：

MID 函数获取第 7-14 位的 8 位数字，即"19750212"，分别代表出生的年、月和日。

TEXT 函数将出生日期的 8 位数字变成"1975-02-12"的样式，但仍然是文本类型。通过两个负号"--"变成数值，需要将单元格格式设置为日期类型。

图 2-6　从身份证号提取出生日期

【知识拓展】

如图 2-7 所示，默认的日期格式如下图左侧显示，日期宽度有长有短，很多人喜欢变成右侧的样式，宽度一致。通过【右键】-【单元格设置】-【自定义】，将日期类型设置为"yyyy-mm-dd"即可，见图 2-8。该样式表示两位月份和两位日期。

出生日期	出生日期
1975/2/12	1975/02/12
1986/7/24	1986/07/24
1987/1/17	1987/01/17
1987/9/17	1987/09/17
1994/1/2	1994/01/02
1992/5/30	1992/05/30
1963/12/19	1963/12/19
1973/2/4	1973/02/04
1972/9/7	1972/09/07
1979/2/25	1979/02/25
1992/2/12	1992/02/12

图 2-7　日期宽度一致

方法 2：快速填充

根据第 1 章介绍的快速填充工具，可以按以下步骤操作：

（1）将 I 列单元格都设置为日期类型，样式为"yyyy-mm-dd"；

图 2-8 设置单元格格式

（2）在 I2 单元格中输入 G2 单元格身份证号对应的日期"1975-02-12"；

（3）在 I3 单元格中单击【快速填充】，或者按快捷键【Ctrl+E】即可。结果见图 2-9。

	G	H	I
1	身份证号	性别	出生日期
2	464809197502122953	男	1975/02/12
3	522196198607241005	女	Ctrl+E
4	211671198701174825	女	
5	452159198709173459	男	
6	545609199401021454	男	
7	314913199205302364	女	

	G	H	I
1	身份证号	性别	出生日期
2	464809197502122953	男	1975/02/12
3	522196198607241005	女	1986/07/24
4	211671198701174825	女	1987/01/17
5	452159198709173459	男	1987/09/17
6	545609199401021454	男	1994/01/02
7	314913199205302364	女	1992/05/30

图 2-9 快速填充提取出生日期

2.1.3 计算年龄和工龄

有了生日，可以直接计算出年龄，不必让员工再输入一次，而且可以随着时间的变化而自动变化，这需要用到日期差异函数 DATEDIF。这个函数可以根据出生日期计算年龄，根据入职日期计算工龄，根据开票日期计算账龄。

DATEDIF 函数可以理解成英文 date 和 different 的缩写，表示日期差异或日期间隔，该函数的语法结构如下：

- DATEDIF（起始日期，终止日期，参数）

函数要求起始日期比结束日期早，参数的定义如表 2-1 所示：

表 2-1 DATEDIF 参数含义

参 数	参 数 含 义
Y	日期差异的整年数
M	日期差异的整月数
D	日期差异的天数
MD	日期差异的天数，忽略日期中的月和年
YM	日期差异的月数，忽略日期中的日和年
YD	日期差异的天数，忽略日期中的年

年龄和工龄的计算都要求结束日期是动态变化的，每次打开员工信息表，显示的都是最新的年龄或工龄，结束日期可以用函数 TODAY（）来实现。年龄计算的是周岁，工龄是按月进行计算的，可以更好地分析工龄结构。

在 J2 单元格中输入公式：

=DATEDIF(I2,TODAY(),"Y")

在 R2 单元格中输入公式：

=DATEDIF(P2,TODAY(),"M")

公式结果见图 2-10。

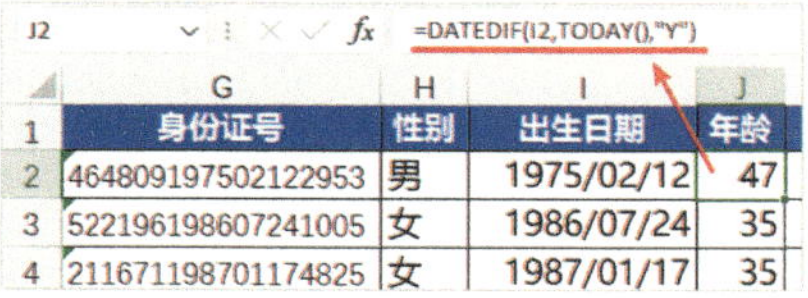

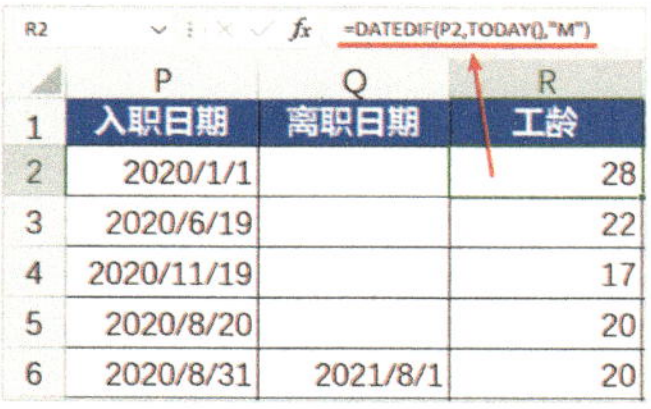

图 2-10 根据出生日期动态计算年龄和工龄

【知识拓展】

员工信息表中的在职和离职员工信息是在一张表中，在职员工的年龄和工龄均按当天动态更新，有助于我们掌握最新的数据。但是离职员工的年龄和工龄需要固定在离职的那一天，有助于我们整体掌握离职员工的年龄和工龄结构，不需要自动更新。这时候需要用 IF 函数来做判断。

在 J2 单元格中输入公式：

`=IF(Q2="",DATEDIF(I2,TODAY(),"Y"),DATEDIF(I2,Q2,"Y"))`

在 R2 单元格中输入公式：

`=IF(Q2="",DATEDIF(P2,TODAY(),"M"),DATEDIF(P2,Q2,"M"))`

公式中，两个连续的双引号表示空值，即单元格为空。同样的道理，员工状态也可以用公式标记出来。

在 S2 单元格中输入公式：

=IF(Q2="","在职","离职")结果见图 2-11。

	I	J	K	L	M	N	O	P	Q	R	S	T
1	出生日期	年龄	下一次生日	到期天数	退休年龄	退休日期	籍贯	入职日期	离职日期	工龄	员工状态	文化程度
2	1975/02/12	47						2020/1/1		28	在职	本科
3	1986/07/24	35						2020/6/19		22	在职	本科
4	1987/01/17	35						2020/11/19		17	在职	研究生
5	1987/09/17	34						2020/8/20		20	在职	本科
6	1994/01/02	27						2020/8/31	2021/8/1	11	离职	本科
7	1992/05/30	29						2020/2/12		27	在职	专科
8	1963/12/19	58						2020/5/23		23	在职	研究生
9	1973/02/04	48						2020/3/12	2021/6/8	14	离职	本科
10	1972/09/07	49						2020/5/30	2022/2/19	20	离职	本科
11	1979/02/25	43						2020/11/16		18	在职	本科
12	1992/02/12	30						2020/5/25	2021/6/18	12	离职	本科
13	1994/06/26	27						2020/4/15	2021/6/28	14	离职	本科
14	1991/12/10	28						2020/3/24	2020/11/13	7	离职	本科

图 2-11 根据离职日期判断员工状态

2.1.4 计算生日并提醒

很多企业都会有类似"生日月"的活动，生日当天或者当月给过生日的员工庆祝，不论采用什么形式，都需要提前准备，那么用 Excel 可以实现提醒功能吗？

首先要计算下一次生日是哪天，这需要用到计算到期的 EDATE 函数。下面来看一下 EDATE 函数的结构：

EDATE（初始日期，月数）

EDATE 函数的功能是计算某个日期前后指定月数的日期，月数为正数，是按指定日期往后推算，月数为负数，是按指定日期往前推算。我们可以根据出

生日期和年龄来计算,在 K2 单元格中输入公式:

=EDATE(I2,(J2+1)*12)

公式说明:

J2+1 是计算下一次生日的年龄;

(J2+1)*12 是从出生日期到下一次生日经历的月份。

如果考虑员工状态,离职员工不计算生日,K2 单元格的公式可以调整为:

=IF(Q2="",EDATE(I2,(J2+1)*12),"")

要想知道下一次生日还有多少天,可以在 L2 单元格中输入公式:
=IF(Q2="",K2-TODAY(),"")结果见图 2-12。

图 2-12　计算下一次生日和到期天数

有了下一次生日和到期天数,就可以完成生日提醒了,提醒的方式有很多种,这里介绍用条件格式来实现提醒功能。条件格式命令位置见图 2-13。

图 2-13　条件格式命令位置

笔者用图标集来进行设置,选择【条件格式】-【新建规则】-【基于各自值设置所有单元格的格式】,格式样式选择【图标集】,类型选择【数字】,可以设置 60(含)以上是绿灯●,30(含)-60 是黄三角▲,小于 30 是小红旗▶,见图 2-14。

最后做出的效果如下图所示,最近一次员工的生日是 14 天。结果如图 2-15 所示。

第 2 章
员工信息管理

图 2-14 红绿灯图标设置规则

图 2-15 到期天数图标提醒

2.1.5 计算退休日期

在给企业培训时，很多企业人力资源部经理问笔者如何计算员工的法定退休日期。我们掌握了上述日期计算的公式和函数，对于退休日期的计算也变得容易了。退休日期有很多具体要求，这里就统一假设男 60 周岁退休，女 55 周岁退休。

首先根据性别填写退休年龄，在 M2 单元格中输入公式：

```
=IF(H2="男",60,55)
```

用 EDATE 函数推算退休日期，注意退休年龄要乘以 12 变成月数，在 N2 单元格中输入公式：

```
=IF(Q2="",EDATE(I2,M2*12),"")
```

根据身份证号计算的相关日期信息如图 2-16 所示。

图 2-16　身份证号计算信息表

2.1.6　匹配省份信息

身份证号码的前两位是代表省/自治区/直辖市，可以根据前两位号码自动匹配出该员工初次办理身份证时的户口所在地。现在有一张籍贯省份代码，共两列，分别是代码和省/自治区/直辖市的名称，其中代码的类型是【文本】。为了给读者清楚展示，将这两列内容裁剪成三张图片，如图 2-17 所示。

图 2-17　省份代码信息

接下来就需要用到文本取值 LEFT 函数和查询 VLOOKUP 函数，实现根据身份证号匹配省/自治区/直辖市。在 O2 单元格中输入公式：

```
=VLOOKUP(LEFT(G2,2),籍贯省份代码! A:B,2,0)
```

公式说明：

（1） LEFT(G2,2) 就是从身份证号中取前两位代码；

（2） VLOOKUP(LEFT(G2,2),籍贯省份代码! A:B,2,0)是将取出的两位代码和“籍贯省份代码”表中的代码匹配，返回对应的省市名称，结果见图 2-18。

O2 =VLOOKUP(LEFT(G2,2),籍贯省份代码!A:B,2,0)

	G	H	I	J	K	L	M	N	O
1	身份证号	性别	出生日期	年龄	下一次生日	到期天数	退休年龄	退休日期	籍贯
2	464809197502122953	男	1975/02/12	47	2023/02/12	271	60	2035/2/12	海南省
3	522196198607241005	女	1986/07/24	35	2022/07/24	68	55	2041/7/24	贵州省
4	211671198701174825	女	1987/01/17	35	2023/01/17	245	55	2042/1/17	辽宁省
5	452159198709173459	男	1987/09/17	34	2022/09/17	123	60	2047/9/17	广西壮族自治区
6	545609199401021454	男	1994/01/02	27			60		西藏自治区
7	314913199205302364	女	1992/05/30	29	2022/05/30	13	55	2047/5/30	上海市
8	424046196312191087	女	1963/12/19	58	2022/12/19	216	55	2018/12/19	湖北省
9	433251197302043673	男	1973/02/04	48			60		湖南省
10	822608197209074585	女	1972/09/07	49			55		澳门特别行政区
11	533276197902251174	男	1979/02/25	43	2023/02/25	284	60	2039/2/25	云南省

图 2-18　根据身份证号获取籍贯信息

【知识拓展】

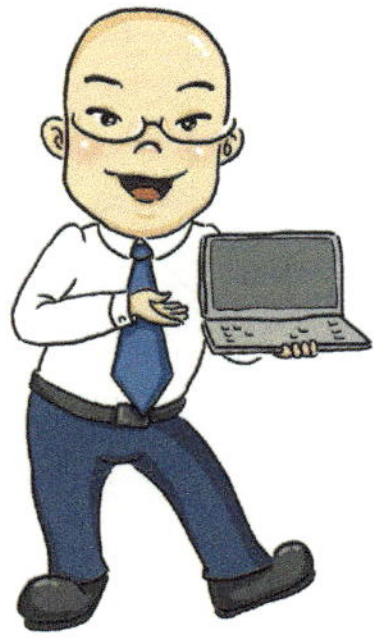

VLOOKUP 函数是工作中非常实用的查找函数，能帮助我们很方便地处理数据查找和匹配。用 VLOOKUP 函数查找速度更快更准确，那么 VLOOKUP 函数怎样用呢？我们还是先来看一下这个函数的语法结构：

- VLOOKUP（查找值，查找范围，返回第几列的值，精确/模糊参数）

参数 1：查找值，即两表对应的关键内容，本例是代码。同时要求查找值和查找范围中值的内容和类型一致，比如“11”和“1 1”不一致，后者中间多了空格。文本型的数值和数字型的数值，也会查不到。

参数 2：查找范围，要包含查找值和返回值。VLOOKUP 函数要求范围要以查找值作为**第 1 列**，返回值在查找值的**右侧**。查找值在查找范围列表中是**唯一值**。如果不是唯一值，返回的永远是第一次出现的数据。

参数 3：返回第几列值，直接输入数字就可以，不需要点击范围中的单元格。要从查找范围的首列开始数，不一定都是从 A 列开始数。

参数 4：精确/模糊，精确查找比较常见，用 0/FALSE 表示，如果找不到会报错；模糊查找常用于数据区间段查找，用 1/TRUE 表示。模糊查找常用于绩效和奖金计算，我们在后面章节会进行介绍。

2.2 制作二级联动岗位下拉列表

在输入员工岗位的时候,常常要根据部门内容来选择对应的岗位名称,这就需要用到二级联动下拉列表的功能,在【数据验证】中用**区域名称**+**INDIRECT** 函数就可以轻松实现。

1. 准备数据源

先准备一个数据验证下拉列表的数据源,以总经办、人力资源部和财务部为例,按照下图 2-19 所示布局设置。

图 2-19　部门和岗位列表

2. 定位非空区域

可以看到图中各部门岗位行数是不一致的,在选择的时候只需要选择有内容的部分,否则将来制作的二级岗位列表也会出现空白部分。

建议使用【Ctrl+G】快捷键实现智能定位,在定位条件中选择"常量"。过程见图 2-20 所示。

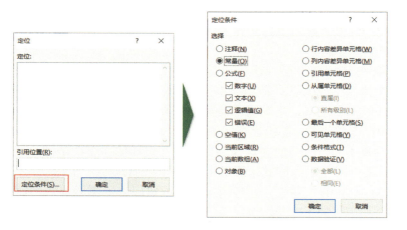

图 2-20　定位常量区域

定位后的效果如图 2-21 所示。需要注意的是,定位后鼠标不要再单击其他区域，否则就取消刚才的选择，还要重新定位。

图 2-21　定位有内容的区域

3. 定义区域名称

定位后，选择【公式】-【根据所选内容创建】，只勾选首行，如图 2-22 所示。

图 2-22　根据所选内容创建名称

创建后，可以通过【公式】-【名称管理器】，查看已经定义的区域名称，如图 2-23 所示。

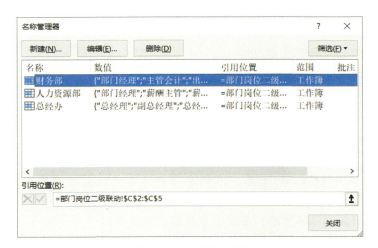

图 2-23　名称管理器

4. 设置部门列表

在本例中，选中区域 E2：E10，在数据验证的序列来源里，选择 A1：C1 区域，见图 2-24。

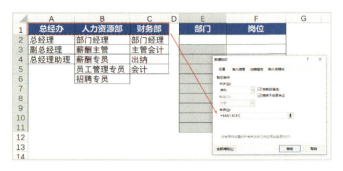

图 2-24　制作数据验证一级列表

5. 设置岗位列表

对应选中 F2：F11，在数据验证来源里输入如下函数公式：

=INDIRECT(E2) 如图 2-25 所示。

INDIRECT 函数表示间接引用括号中单元格的内容，比如 E2 单元格中是"总经办"，该公式就变成了：

=总经办

而区域名称中"总经办"的内容就是"总经理、副总经理、总经理助理"，F2 中的岗位列表来源相当于变成了"总经理、副总经理、总经理助理"。

图 2-25　数据验证制作二级列表

设置来源公式时要注意以下几点：

- 先选择区域范围；
- 来源公式中不要忘记输入"="；

函数括号中引用单元格是选择范围第一个单元格对应的，本例中部门范围第一个单元格是 F2，F2 单元格根据 E2 单元格的数据而变化；

- 引用单元格"E2"建议手工输入，如果使用鼠标单击单元格 E2，公式中默认是 \$E\$2 的效果，本例中需把 \$ 符号去掉，不需固定函数引用位置；
- 如果 E2 为空单元格，会有来源报错，可以忽略。

最后可以在 E 列选择不同部门，在 F 列中会出现对应的岗位列表，如图 2-26 所示。

图 2-26　二级联动岗位列表

2.3 员工信息排序

员工信息经常需要按照某个条件进行排序，除了按数字的大小排序以外，人力资源部门经常要按姓氏笔画和职务高低排序。

2.3.1 按姓氏笔画排序

Excel 默认的汉字排序方式是按照"字母"顺序进行排序。以姓名排序为例，按照姓氏第一个拼音首字母在 26 个英文字母中出现的顺序进行排序，如果姓氏相同，再按照第二个、第三个字的首字母排序，如图 2-27 所示。

图 2-27　按姓名排序

但是在很多场合，或者说是更符合我们习惯的，应该是按照"笔划"排序。选择【数据】-【排序】，主要关键词选择"姓名"，单击右上角的【选项】，在

【排序选项】对话框中选择【笔划排序】，单击【确定】按钮后，完成笔划排序，如图 2-28 所示。

图 2-28　按姓氏笔画排序设置

最后排序的效果如图 2-29 所示。

图 2-29　按姓氏笔画排序效果

2.3.2 按职务高低排序

人力资源部的伙伴在数据管理上常常会遇到排序功能，数字和日期可按数字大小或者日期先后来排序。可是有时候需要按区域、部门或者职位高低进行排序，怎么办？Excel 中恰恰有这样一个工具，可以让计算机按我们指定的规则来排序。这个工具就是【自定义列表】。见图 2-30。

比如人力资源部的岗位，每次都要按照"部门经理、薪酬主管、招聘主管、薪酬专员、招聘专员"的顺序排列。可以用图 2-31 所示的以下两种方法添加到【自定义列表】左侧的列表中。

无论用哪种方法添加的序列，都可以实现自定义排序。如果用常规的排序方法，文本一般是按首字拼音首字母排序。如图 2-32 中，薪酬和招聘的岗位是排列在一起的，并没有按主管和专员区分开。

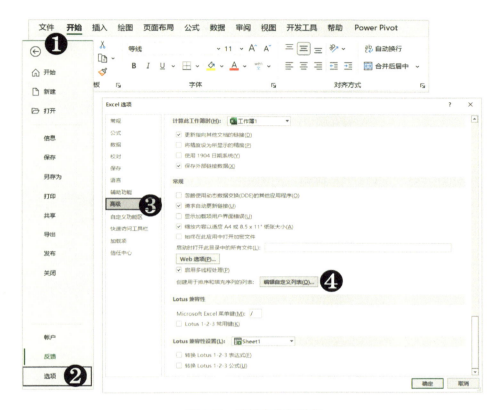

图 2-30　编辑自定义列表

图 2-31　添加自定义列表内容

	A	B	C	D	E	F
1	员工工号	姓名	性别	部门	岗位	职级
2	AS0008	丘可	女	人力资源部	部门经理	12
3	AS0015	胡秋	女	人力资源部	薪酬主管	8
4	AS0016	苏武	男	人力资源部	薪酬主管	8
5	AS0027	赵里	男	人力资源部	薪酬主管	8
6	AS0010	刘紫	男	人力资源部	薪酬专员	7
7	AS0022	崔五	男	人力资源部	薪酬专员	7
8	AS0025	杜凯	女	人力资源部	薪酬专员	7
9	AS0029	张阳	男	人力资源部	薪酬专员	8
10	AS0011	李娟娟	男	人力资源部	招聘主管	8
11	AS0009	杨有	女	人力资源部	招聘专员	6
12	AS0019	苏琪琪	男	人力资源部	招聘专员	6
13	AS0024	王红	女	人力资源部	招聘专员	7

图 2-32　按照岗位名称排序

这时需要打开【排序】按钮，如图 2-33 和图 2-34 所示。

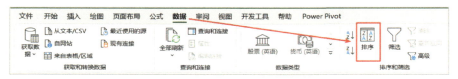

图 2-33　【排序】按钮位置

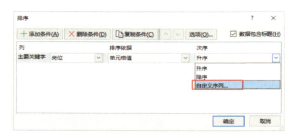

图 2-34　按自定义序列排序

在弹出的对话框中选择刚才创建的岗位列表即可，排序后的效果见图 2-35。这个功能对于报表中按固定内容（比如省份、城市、产品、分公司、部门或姓名等）排序都会有帮助。

	A	B	C	D	E	F
1	员工工号	姓名	性别	部门	岗位	职级
2	AS0008	丘可	女	人力资源部	部门经理	12
3	AS0015	胡秋	女	人力资源部	薪酬主管	8
4	AS0016	苏武	男	人力资源部	薪酬主管	8
5	AS0027	赵里	男	人力资源部	薪酬主管	8
6	AS0011	李娟娟	男	人力资源部	招聘主管	8
7	AS0010	刘紫	男	人力资源部	薪酬专员	7
8	AS0022	崔五	男	人力资源部	薪酬专员	7
9	AS0025	杜凯	女	人力资源部	薪酬专员	7
10	AS0029	张阳	男	人力资源部	薪酬专员	8
11	AS0009	杨有	女	人力资源部	招聘专员	6
12	AS0019	苏琪琪	男	人力资源部	招聘专员	6
13	AS0024	王红	女	人力资源部	招聘专员	7

图 2-35　按照岗位级别排序

2.4 批量导入员工照片

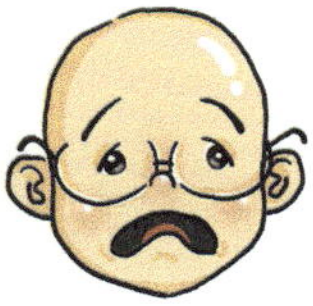

在做员工信息管理时，常常要把员工的照片放进员工信息表中，用于员工信息存档。员工图片比较多，还要将图片和员工进行匹配，手动一张张导入图片是非常烦琐的。那么如何批量导入图片呢？

首先看一下需要导入照片的 Excel 员工档案简表，见图 2-36。

	A	B	C	D	E
1	员工工号	姓名	性别	岗位	员工照片
2	AS0001	李凯	男	总经理	
3	AS0002	王发	男	副总经理	
4	AS0003	马玫	女	副总经理	
5	AS0004	刘然	男	总经理助理	
6	AS0006	刘洋	女	总经理助理	

图 2-36　员工档案简表

员工照片都放在 D 盘的【员工照片】文件夹内，并且都以员工工号命名，见图 2-37。

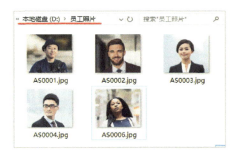

图 2-37　员工照片

在员工档案简表 E2 单元格中输入以下公式，向下复制：

```
="<table><img src=""D:\员工照片\"&A2&".jpg""width=""144""height=""125"">"
```

公式中的 **"D：\ 员工照片"** 为存放照片的文件夹，**A2** 为照片名称。照片的宽度和高度分别是 **288** 和 **250**，单位是像素。应用时大家可以根据实际情况调整，这里取了照片宽度和高度的一半，只要设置成宽度和高度的同比例大小就可以，保证照片显示不变形。

复制 E 列公式内容，粘贴到记事本中（见图 2-38 和图 2-39）。

调整员工档案简表 E 列的列宽、行高均为照片大小的一半，分别是 144 像素和 125 像素，见图 2-40。

复制记事本中的内容，右键单击员工档案简表 E2 单元格，选择性粘贴，这

图 2-38　获取员工照片公式

图 2-39　获取员工照片代码

图 2-40　调整员工信息简表行高

里粘贴为"Unicode 文本"模式，见图 2-41。

图 2-41　公式粘贴为 Unicode 文本

单击【确定】按钮，员工图片即可整整齐齐地导入单元格中，如果导入的图片和单元格大小不一致，可以批量设置图片格式，缩放高度和缩放宽度均设置为50%即可，如图2-42所示。

图2-42　批量调整图片大小

注意：用这种方法导入的照片不能随A列员工编号变动而更新，实际操作时可以先将资料内容整理完成，最后导入照片。

【知识拓展】

带照片的员工信息表完成后，如果人数或者信息列太多，要查看某位员工信息很不方便，可以做一份员工信息登记卡，只要输入员工工号，对应的信息就会自动匹配出来，那岂不是太方便了。

先做一份简要版的员工信息登记卡，所在工作表名称为"照片查询"，如图2-43所示。

图2-43　简要版员工信息登记卡

在 A3 单元格中设置数据验证列表，序列来源为"=照片！$A$2：$A$6"；
在 B3 单元格中输入公式：

=VLOOKUP(A3,照片！A:E,2,0)

在 A5 单元格中输入公式：

=VLOOKUP(A3,照片！A:E,3,0)

在 B5 单元格中输入公式：

=VLOOKUP(A3,照片！A:E,4,0)

基本信息都可以通过 VLOOKUP 函数查询出来，显示在员工信息登记卡中，这里有点难度的就是图片的显示。这需要通过定义名称和 INDEX+MATCH 组合函数来实现。

步骤1：定义名称

在【公式】选项卡下，依次选择【名称管理器】-【定义名称】。在【名称】编辑栏输入：PIC。【引用位置】输入以下公式：

=INDEX(照片！$E:$E,MATCH(照片查询！$A$3,照片！$A:$A,0))

用名称编辑引用照片的公式如图 2-44 所示。

图 2-44　用名称编辑引用照片的公式

这是一个典型的 INDEX+MATCH 组合套路。

MATCH 函数是返回某个数据在指定数据区域里面排第几。MATCH 函数的语法结构如下：

- MATCH（待查数据，数据区域，匹配参数）

数据区域必须是连续的单行或者连续的单列，匹配参数分为 1（默认）、0、-1 三种情况，其中参数 0 表示精确匹配。

MATCH 函数获取照片查询表 $A$3 单元格的员工工号在员工信息表 A 列中首次出现的位置序号。比如工号"AS0001"在员工信息表 A 列中的第 3 个单元格。

INDEX 函数可以获取矩形区域的第几行、第几列交叉的数据。如果数据范围就是一行或一列，行列参数只用一个就可以了。它的语法结构如下：

- INDEX（数据范围，第几行，第几列）

INDEX 函数的查询范围是员工信息表的 E 列，因而返回 E 列的第 3 个单元格即 E3 的内容。

步骤 2：设置图片

从员工信息表中**复制**任意一张照片，粘贴到照片查询表的照片存放处的 C3 单元格，适当调整大小。

选中该图片，在编辑栏中输入公式：

=PIC

最后按【Enter】键确认就可以了，此时调整 A3 单元格的工号，相应工号员工的照片也将自动更新，效果见图 2-45。

图 2-45　自动更新照片的员工信息登记卡

2.5　制作模糊匹配的下拉列表

按照前面 2.4 节的介绍，我们完全可以制作一个根据员工工号自动更新的员工信息等级表，这样比在很多人的大表中查看更方便。不论是以员工工号还是以姓名作为下拉列表的数据源，公司人数少的时候选择还很方便。如果公司人数多，用下拉列表查找的方式就非常慢，如图 2-46 所示。

图 2-46　下拉列表内容太多示意图

那么能不能制作带模糊匹配功能的下拉列表呢？这在以前的版本中是难上加难！其实，从 Excel 2019 开始，用两个动态数组函数 FILTER 和 UNIQUE，可以轻松实现。

先介绍一下动态数组，动态数组的返回值将自动"输出"到相邻单元格中（未使用的）。使用动态数组函数，只需要编写一个简单的公式，而不是编写复杂的数组公式来解决多单元格问题。Excel 新增了 7 个动态数组函数：FILTER、UNIQUE、SORT、SORTBY、SEQUENCE、SINGLE 和 RANDARRAY。

FILTER 函数可以实现一对多和多对多的查询，函数结构如下：

FILTER(数组或区域,查询条件,未查到显示值)

步骤 1：模糊查询员工工号。

用 FILTER、ISNUMBER 和 FIND 函数，提取包含 A3 单元格（目前是"134"）的所有员工工号，见图 2-47。

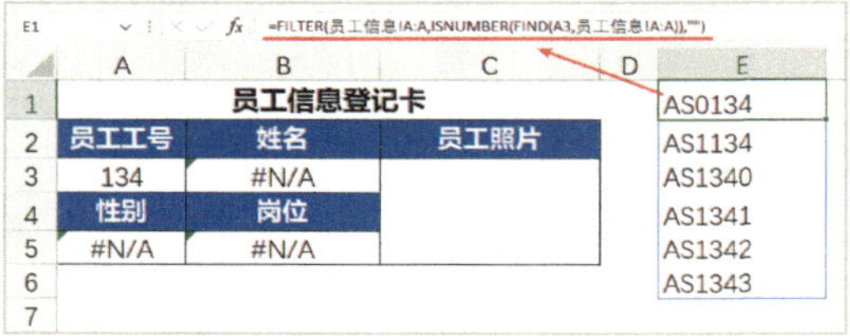

图 2-47　模糊查询员工工号

在 E1 单元格中输入组合公式：

=FILTER(员工信息！A:A,ISNUMBER(FIND(A3,员工信息！A:A)))

公式说明：

FIND（A3，员工信息！A：A） 公式表示从员工信息表 A 列（员工工号）中每个单元格查找 A3 单元格中的文本，如果查到返回对应的开始位数，没有查到返回 FALSE。

ISNUMBER 判断是否是数值，返回 TRUE 或 FALSE。

FILTER 函数就把符合包含文本的项目列出来，显示在以 E1 单元格开始的区域内。

步骤 2：设置数据验证序列。

在设置数据验证序列时，不同之处在于引用来源只选择上述公式所在的单元格 E1，最后一定要加上井号（"#"），表示引用动态数组结果，如图 2-48 所示。

图 2-48　数据验证引用动态数组结果

注意，一定要取消出错警告的默认选项，见图 2-49。

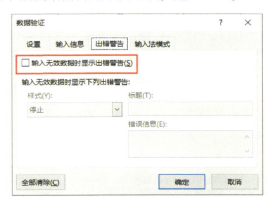

图 2-49　取消出错警告

这样就可以做出根据单元格输入内容模糊匹配的下拉列表。结果见图 2-50。

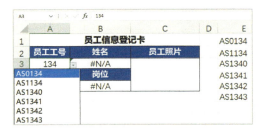

图 2-50　模糊查询员工工号的下拉列表

这种方法也可以用于模糊查询姓名上，在 E1 单元格中输入公式：

```
=FILTER(员工信息！B:B,ISNUMBER(FIND(B3,员工信息！B:B)),"")
```

将姓名按上述方法设置为下拉列表，效果如图 2-51 所示。

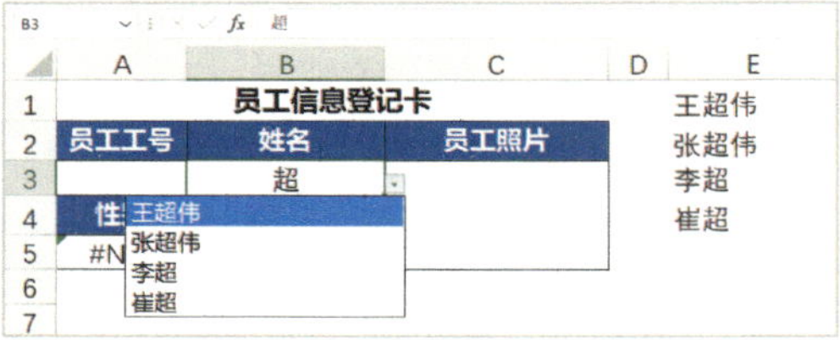

图 2-51　模糊查询员工姓名的下拉列表

这种模糊匹配的下拉列表，非常适合员工人数多的企业。

2.6 人事数据表的两表核对

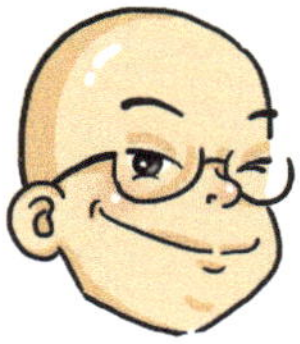

有一类问题是经常会遇到的，那就是两表核对问题。由于需要核对的报表可能会包含几千行的数据，如果找不到自动核对的方法，意味着要浪费大量的时间手工操作，还无法保证准确性，这里就结合一个示例来看看 Excel 两表核对怎样做最快呢？

如图 2-52 所示，有两张表，第 1 张是高级经济师资格申报名单，第 2 张是评审通过名单，两张表的名单有差异，顺序也不同，要对两张表核对匹配出申报人员是否通过评审。

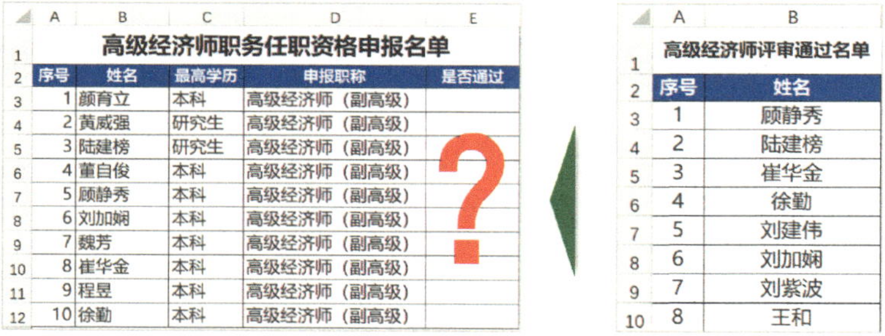

高级经济师职务任职资格申报名单

序号	姓名	最高学历	申报职称	是否通过
1	颜育立	本科	高级经济师（副高级）	
2	黄威强	研究生	高级经济师（副高级）	
3	陆建榜	研究生	高级经济师（副高级）	
4	董自俊	本科	高级经济师（副高级）	
5	顾静秀	本科	高级经济师（副高级）	
6	刘加娴	本科	高级经济师（副高级）	
7	魏芳	本科	高级经济师（副高级）	
8	崔华金	本科	高级经济师（副高级）	
9	程昱	本科	高级经济师（副高级）	
10	徐勤	本科	高级经济师（副高级）	

高级经济师评审通过名单

序号	姓名
1	顾静秀
2	陆建榜
3	崔华金
4	徐勤
5	刘建伟
6	刘加娴
7	刘紫波
8	王和

图 2-52　两表核对

方法 1：IF+OR 组合函数。

先用 OR 函数判断每位申报人是否在通过名单中，再用 IF 函数标记是否通过。在 E2 单元格中输入下方公式，并向下填充。

```
=IF(OR(B3=通过名单!$B$3:$B$10),"通过","未通过")
```

方法 2：IF+COUNTIF 组合函数。

先使用 COUNTIF 函数的计数统计功能，在通过名单中查找员工姓名，如果找得到，会返回大于 0 的数值，传递给 IF 函数返回"通过"；否则 COUNTIF 函数返回 0，传递给 IF 函数返回"未通过"。

```
=IF(COUNTIF(通过名单!$B$3:$B$10,B3),"通过","未通过")
```

方法 3：IF+VLOOKUP 组合函数

先使用 VLOOKUP 函数从通过名单中查找出申报人员，找不到的地方会返回错误值，说明该员工没有通过评审。

```
=IF(ISERROR(VLOOKUP(B3,通过名单!$B$3:$B$10,1,0)),"未通过","通过")
```

除了用函数标记是否通过外，还可以用条件格式将"通过"单元格设置为颜色提醒，最后的核对效果如图 2-53 所示。

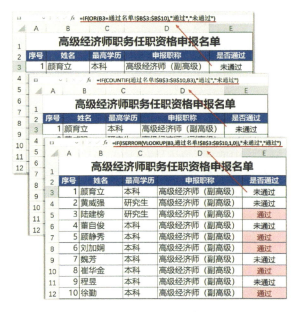

图 2-53　两表核对效果

2.7 根据部门层次补全部门编码与名称

很多大型企业的人力资源管理在向数字化转型，在转型过程中可能在用

eHR（人力资源信息系统）或者云平台，不论用哪种数字化工具，都会涉及将信息转换成编码，比如公司编码、部门编码、籍贯编码和社保类型编码等。这里以集团公司多层级部门为例，介绍根据部门的层次补全完整部门编码和名称的方法。

在集团公司组织层级很多，既要区分总部和分公司，也要区分总部部门和分公司的部门。如图2-54所示，共分为三个层级，第一层级为总部和分公司，第二层级为总部部门和分公司部门，第三层级为分公司1生产管理部下的两个生产车间。

图2-54　组织架构示意图

集团公司的组织架构中的部门编码和名称要完整显示所有层级，比如分公司1的二车间，名称是"**分公司1-生产管理部-二车间**"，部门编码是"202020"。

问题：在整理员工信息的时候，涉及的部门各有不同，层级也不一样，如何根据公司的组织架构补充完整的部门编码和部门名称？

步骤1：整理出原始的部门层次，每一层级都包含原始部门编码和部门名称，见图2-55。

一级编码	一级部门	二级编码	二级部门	三级编码	三级部门
10	总部	10	人力资源部		
		20	经营发展部		
		30	财务金融部		
		10	项目管理部		
20	分公司1	10	销售部		
		20	生产管理部	10	一车间
				20	二车间
		30	行政部		
30	分公司2	10	销售部		
		20	研发部		
		30	工程部		

图2-55　部门层次表

步骤 2： 将一级、二级的部门编码和名称向下填充。

选择区域【A1：D12】，按下快捷键【Ctrl+G】，在【定位条件】中选择【空值】。详细过程见图 2-56 所示。

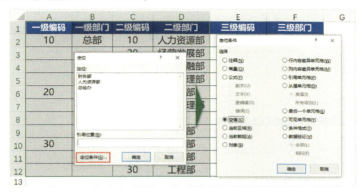

图 2-56　定位【空值】区域

就会把 A-D 列的空单元格都选择了，直接输入等号（=）和上箭头（↑），本例就会在 A3 单元格中显示“=A2”，如图 2-57 所示。

最后用快捷键【Ctrl+Enter】确认，就会将选择的空单元格，自动按照上方非空单元格填充，见图 2-58。

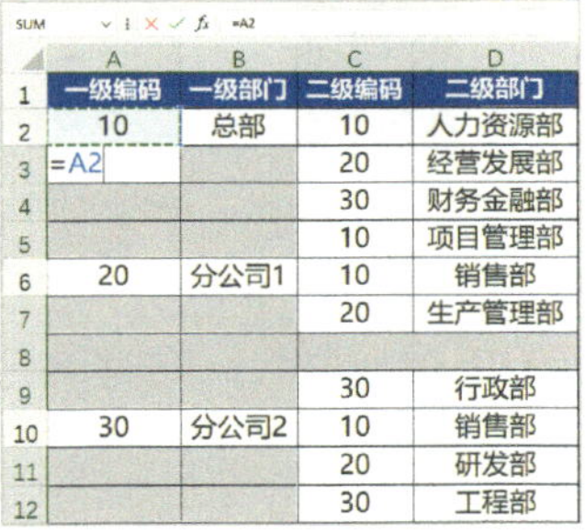

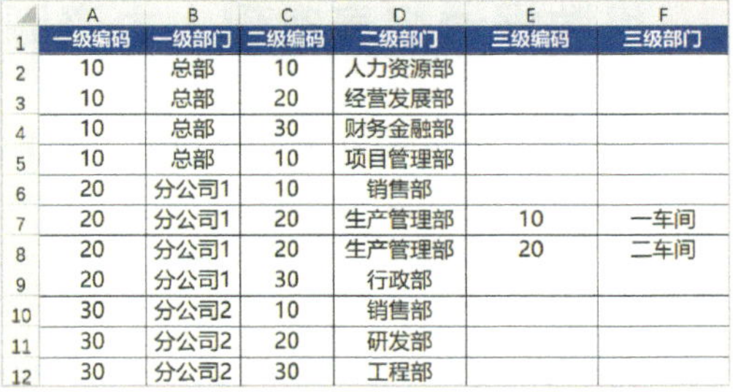

	A	B	C	D
1	一级编码	一级部门	二级编码	二级部门
2	10	总部	10	人力资源部
3	=A2		20	经营发展部
4			30	财务金融部
5			10	项目管理部
6	20	分公司1	10	销售部
7			20	生产管理部
8				
9			30	行政部
10	30	分公司2	10	销售部
11			20	研发部
12			30	工程部

图 2-57　输入公式

	A	B	C	D	E	F
1	一级编码	一级部门	二级编码	二级部门	三级编码	三级部门
2	10	总部	10	人力资源部		
3	10	总部	20	经营发展部		
4	10	总部	30	财务金融部		
5	10	总部	10	项目管理部		
6	20	分公司1	10	销售部		
7	20	分公司1	20	生产管理部	10	一车间
8	20	分公司1	20	生产管理部	20	二车间
9	20	分公司1	30	行政部		
10	30	分公司2	10	销售部		
11	30	分公司2	20	研发部		
12	30	分公司2	30	工程部		

图 2-58　向下填充

步骤 3： 填充完整的部门代码和部门名称。

这里需要用到 TEXTJOIN 函数，语法结构如下：

```
TEXTJOIN(连接符号,是否忽略空单元格,文本 1,文本 2,…)
```

TEXTJOIN 函数可以将文本列表按指定的分隔符号批量连接起来。G 列是完整部门编码，不需要分隔符号，在 G2 单元格中输入公式：

```
=TEXTJOIN(,,A2,C2,E2)
```

H 列是完整部门名称，部门层级之间要用符号"-"分隔开，在 H2 单元格中输入公式：

```
=TEXTJOIN("-",,B2,D2,F2)
```

按层级补充完整的部门编码和部门名称，见图 2-59。

图 2-59 补充完整的部门编码和名称

2.8 用数据透视表实现人力资源盘点

人力资源盘点与规划主要依据企业战略规划发展需求，通过分析预测，形成能够满足组织需要的人力资源投资规划，以配合组织发展和业务的需要，合理分配人力资源，降低组织人力成本，同时满足员工职业生涯发展需要。

通过对当前人力资源数据统计分析，明确人力资源规划的基本情况，并与行业均值及标杆数据进行对比，找出存在的问题。根据企业战略和人力资源发展战略对人员进行分类，分类后进行淘汰、晋升、辅导、培训、转岗、调薪等一系列动作，最后形成人力资源盘点手册。

数据透视表是 Excel 提供的一种交互式且强大的数据分析和汇总工具，可以把一个明细表进行分类汇总，而且可以随意改变汇总模式。比如要统计各部门不同文化程度的在职男女人数，见图 2-60。

统计各部门不同岗位的在职人数，见图 2-61。

按年度和月份统计入职人数，并绘制每年 1-12 月份入职趋势图，见图 2-62。

	A	B	C	D	E	F	G	H	I	J
1	员工状态	在职								
2										
3	计数项:姓名		文化程度							
4	部门	性别	本科	初中	大专	高中	硕士	研究生	专科	总计
5	财务部	男	2		1					3
6		女			1	1				2
7	人力资源部	男	2							2
8		女						1		1
9	生产部	男	18	8	2	7				35
10		女	10	9	3	7				29
11	售后服务部	男	6	1	1	2				10
12		女	5		2	2				9
13	物流部	男	17	8	5	5				35
14		女	27	17	7	10				61
15	销售二部	男	30	26	14	36				106
16		女	17	25	14	39				95
17	销售一部	男	9	30	28	70	1			138
18		女	12	33	23	63				131
19	营销部	男	3	2	1	2				8
20		女	1	2		1				4
21	总经办	男	2							2
22		女	1					1	1	3
23	总计		162	161	102	245	1	2	1	674

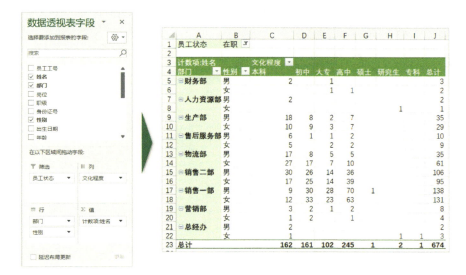

图 2-60　按文化程度统计各部门人数

	A	B	C	D	E	F	G	H	I	J	K
1	员工状态	在职									
2											
3	计数项:姓名	部门									
4	岗位	财务部	人力资源部	生产部	售后服务部	物流部	销售二部	销售一部	营销部	总经办	总计
5	部门经理	1	1	1	1	1	1	1	1		8
6	出纳	2									2
7	初级导购						54	105			159
8	初级店长						52	11			63
9	督导						4	8			12
10	副总经理									2	2
11	会计	2									2
12	薪酬专员		1								1
13	招聘主管		1								1
14	中级导购						43	112			155
15	中级店长						25				25
16	专员			63	18	95			11		187
17	资深导购						14	20			34
18	资深店长						8	12			20
19	总经理									1	1
20	总经理助理									2	2
21	总计	5	3	64	19	96	201	269	12	5	674

图 2-61　按岗位统计各部门人数

计数项:姓名	年			
入职日期	2020年	2021年	2022年	总计
1月	41	32	27	100
2月	33	26	27	86
3月	42	36	33	111
4月	43	40	43	126
5月	39	20	35	94
6月	41	31	26	98
7月	38	32	36	106
8月	36	33	35	104
9月	46	65		111
10月	32	59		91
11月	48	79		127
12月	39	66		105
总计	478	519	262	1259

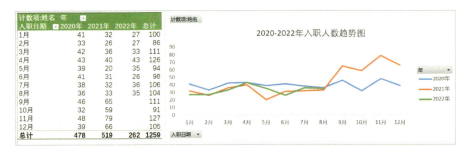

图 2-62　按年度和月份统计入职人数对比

也可以做成三年连续的趋势图表，可以看到 2021 年 8-12 月有一个入职高峰期，如图 2-63 所示。

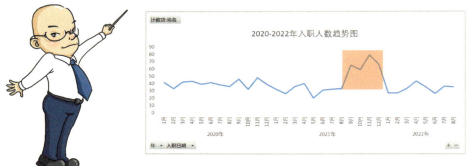

图 2-63　三年入职人数趋势

还可以将两个姓名都加入数据透视表"Σ值"中，将第二个姓名项数值设置为同比增长百分比，如图 2-64 所示。

图 2-64　入职人数和同比

其中，柱形图是入职人数，按左侧的主坐标轴，折线图是同比增长百分比，按右侧的次坐标轴，见图 2-65。按照同样的方法也可以把离职人数统计出来，并绘制趋势图。

用数据透视表也可以绘制年龄段的人数统计，用年龄和姓名可以直接做出不同年龄的人数，见图 2-66。

图 2-65　入职人数线柱双轴组合图

行标签	计数项:姓名
23	5
24	11
25	79
26	103
27	110
28	87
29	110
30	115
31	111
32	109
33	92
34	114
35	94
36	90
37	23
40	1
43	1
47	1
48	1
49	1
58	1
总计	**1259**

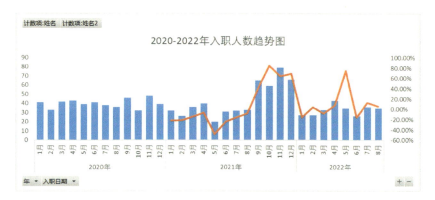

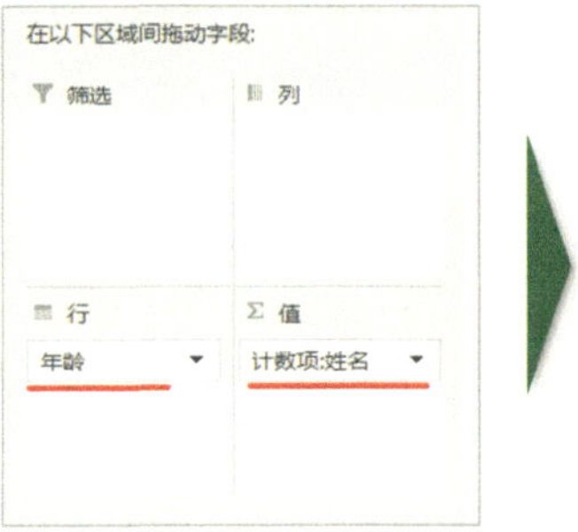

图 2-66　按年龄统计入职人数

但这并没有达到预期目的，不能看出年龄段之间的数据统计。可以在透视表中的年龄任一数值上单击鼠标右键，对年龄进行组合，如图 2-67 所示，设置最小值、最大值和步长即可按年龄段统计。

按年龄段统计后，可以将透视表绘制成柱形图、平滑折线图或者柱形图+平滑折线图，见图 2-68。

也可以绘制成饼图，饼图数据标签可以直接设置为百分比，并将数据标签统一设置为在图表外侧，见图 2-69。

图 2-67　按不同年龄段统计入职人数

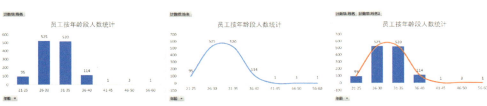

图 2-68　不同年龄段入职人数图表 1

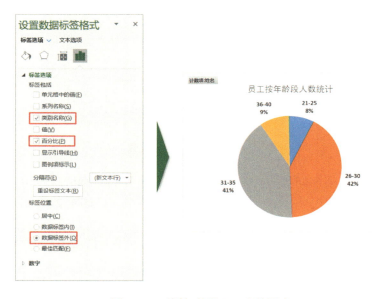

图 2-69　不同年龄段入职人数图表 2

第 2 章
员工信息管理

【知识拓展】

数据分析缺少不了数据可视化，数据可视化的主要工具就是图表，尤其是用经典的三种图表（柱形图、折线图和条形图）居多。只是大家天天看容易造成审美疲劳，也突出不了自己的特色。这里笔者介绍一种将图标嵌入条形图的做法，令自己的图表更有新意，特别适合人力资源管理中的人数统计呈现。

步骤 1：将 2020-2022 年入职的男女人数用透视表统计出来，并用条形图呈现，如图 2-70 所示。

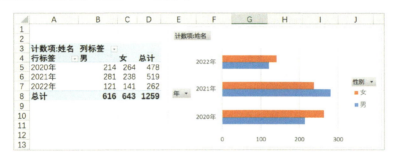

图 2-70　用条形图呈现每年度入职人数

步骤 2：插入男女图标。

在【插入】选项卡中，单击【图标】，见图 2-71。

图 2-71　【图标】按钮位置

会弹出一个黑白的简洁图标库，如图 2-72 所示，图标库都是精选经常使用的图标，非常实用。搜索"人"后，选择对应的男女图标。

单击【插入】按钮，图标会自动下载到 Excel 文件中。下载图标是 PNG 格式，不用花费时间去删除背景。因为是矢量图，可以无损放大，不会出现锯齿边缘，可以更改填充颜色，见图 2-73。

步骤 3：在条形图中嵌入图标。

在做好的条形图上，可以把男女图标嵌入到条形中，会显得更直观。操作方法很简单，选择图片，单击【复制】命令或按【Ctrl+C】快捷键，选择组条形，单击【粘贴】命令或按【Ctrl+V】快捷键即可。

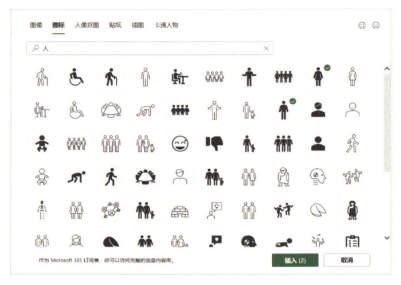

图 2-72 图标的搜索

嵌入图片后，有时候拉伸效果导致图片变形，双击图标，设置【层叠】或【层叠并缩放】，添加数据标签后，做出图 2-74 所展示的效果。这样的图表比单纯的条形图更直观。

图 2-73 图标的填色

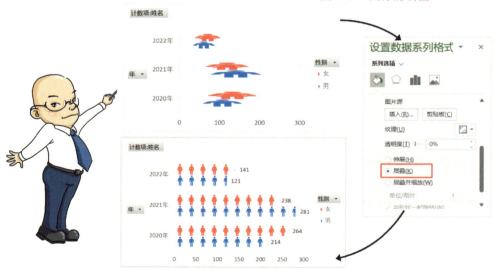

图 2-74 将图标嵌入图表

第 3 章

招聘与合同管理

招聘工作为企事业单位的人力资源提供来源支持，做好招聘管理数据分析，能够提升人力资源招聘效果。员工入职后就面临合同签署、试用或转正等工作，用 Excel 可以方便地实现合同提醒预警和批量制作合同等工作。

本章主要介绍招聘信息汇总和分析、制作自动更新的 Word 简历文件目录、用邮件合并批量发送面试通知单与合同信息的计算、预警等内容。本章知识结构思维导图见图 3-1。

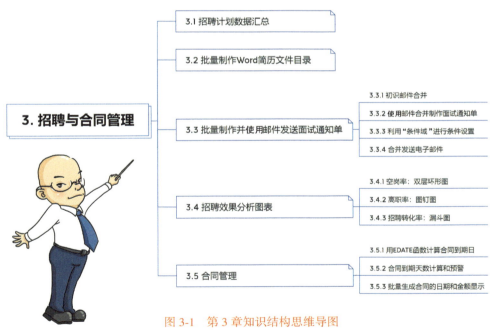

图 3-1　第 3 章知识结构思维导图

3.1 招聘计划数据汇总

HR 伙伴经常要对接各个不同的部门，收集各个部门的招聘需求表。这些表格包含部门、岗位、人数和建议到岗日期等信息，每个部门的招聘需求表都是独立的文件，如图 3-2 所示。

图 3-2　各部门招聘需求表

现在的问题是，如何将同一文件夹中多个格式相同的 Excel 表格收集成一张表？Excel 的 Power Query 可以解决这个问题。

获取数据，指定数据源，如图 3-3 所示，选择存放招聘需求的文件夹。

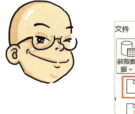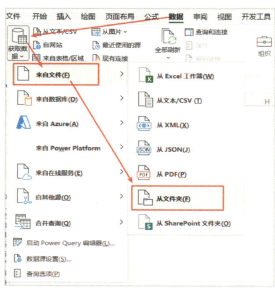

图 3-3　从 Power Query 获取文件夹中的表格数据

在图 3-4 出现的对话窗中，可以预览到获取的数据源表文件。选择"转换数据"按钮。

图 3-4　显示文件夹中的文件信息

会打开 Power Query 编辑器。添加计算列，利用 M 语言表达式读取每个 Excel 文件里的数据，见图 3-5。

图 3-5　自定义列公式

表达式如下：
数据＝Excel.Workbook（［Content］）
表达式的要点包括：
- 新建字段名称可以任意定义。
- 关键字"Excel.Workbook"的首字母要大写。
- 输入表达式的过程可以看到自动的语法提示。
- 表达式中的字段参数，可以直接在右侧的可用列中引用。

添加的新列需要进行两次展开，展开按钮见图3-6。

图3-6　展开列信息

展开后的数据列比较多，将与招聘无关的数据列删除后，得到如图3-7所示的总表。可以发现，在总表中会出现很多重复的标题行。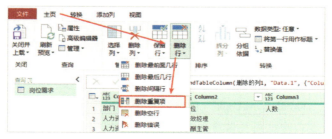

图3-7　多部门招聘需求汇总1

可以全选表格，通过【删除行】-【删除重复项】将重复的标题行删除，如图3-8所示。

图3-8　删除重复的标题行

对合并完成的数据表提升标题，并关闭 Power Query 编辑器，将数据表上载到 Excel 前台工作表中，如图 3-9 所示。

部门	岗位	人数	建议到岗日期
人力资源部	绩效经理	1	2022/11/1
人力资源部	薪酬主管	1	2022/12/1
人力资源部	薪酬专员	2	2022/12/1
人力资源部	人才发展主管	1	2022/11/15
人力资源部	培训专员	2	2022/11/15
人力资源部	组织发展经理	1	2022/11/15
技术部	电气工程师	2	2022/12/1
技术部	机械工程师	1	2022/11/1
技术部	材料工程师	1	2022/10/15
技术部	技术员	3	2022/11/1
技术部	工艺工程师	2	2022/12/15
生产管理部	设备主管	1	2022/11/15
生产管理部	数控车工	5	2022/10/15
生产管理部	包装工	1	2022/10/15
生产管理部	机械维修工	1	2022/11/1
生产管理部	普通车工	5	2022/10/15
生产管理部	安全主管	2	2022/10/15
研发部	研发主管	1	2022/12/1
研发部	研发工程师	5	2022/10/15
研发部	UI设计工程师	2	2022/10/15
研发部	网络工程师	1	2022/11/1
财务部	经理	1	2022/10/15
财务部	会计主管	2	2022/10/15
财务部	成本会计	1	2022/10/15
财务部	往来会计	1	2022/11/15
财务部	总账会计	2	2022/11/15
财务部	出纳	2	2022/12/1
销售部	数据统计	3	2022/11/15
销售部	销售代表	5	2022/11/15
销售部	区域经理	1	2022/11/1
销售部	CRM主管	1	2022/11/1
销售部	CRM专员	2	2022/11/1

图 3-9　多部门招聘需求汇总 2

这样就将同一文件夹中的多个部门提交的招聘信息表，汇总成一张表格。而且文件夹中的数据更新，或者新增了文件，在 Excel 总表中可以通过【右键】-【刷新】，即时获取最新的招聘信息。

用数据透视表就可以方便地统计各部门按月份到岗人数，如图 3-10 所示，方便制定招聘计划。

求和项:人数	列标签			
行标签	10月	11月	12月	总计
财务部	4	3	2	9
技术部	1	4	4	9
人力资源部		5	3	8
生产管理部	12	2		14
销售部	1	11		12
研发部	7	1	1	9
总计	25	26	10	61

图 3-10　统计各部门按月份到岗人数

也可以用 FILTER 数组函数，按月份查询需要到岗的岗位列表，如图 3-11 所示。

F	G	H	I
到岗月份	10	11	12
	材料工程师	绩效经理	薪酬主管
	数控车工	人才发展主管	薪酬专员
	包装工	培训专员	电气工程师
	普通车工	组织发展经理	工艺工程师
	安全主管	机械工程师	研发主管
	研发工程师	技术员	出纳
	UI设计工程师	设备主管	
	经理	机械维修工	
	会计主管	网络工程师	
	成本会计	往来会计	
	区域经理	总账会计	
		数据统计	
		销售代表	
		CRM主管	
		CRM专员	

图 3-11　各部门按月份到岗的岗位列表

在 G2 单元格中输入公式：

```
=FILTER(岗位需求[岗位],MONTH(岗位需求[建议到岗日期])=G1)
```

3.2 批量制作 Word 简历文件目录

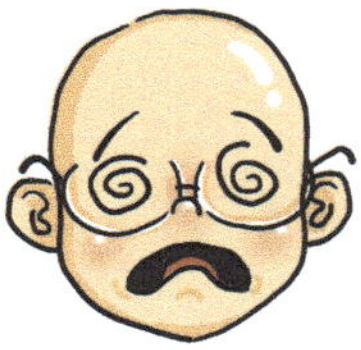

人力资源部收到的应聘简历大多数是在线的，也有很多是 Word 文档。随着简历文件越来越多，一个文件夹内往往会有几百份简历，查找和统计很不方便。能否用 Excel 批量制作一个文件目录呢？

下图是文件夹中的 Word 简历文件示意，文件名按照“姓名-专业-出生年份”的格式命名，见图 3-12。

名称	修改日期
顾静秀-财务管理-2000.doc	2022/8/13 18:43
黄威强-材料科学-1998.doc	2022/8/13 18:43
刘加娴-人力资源管理-1999.doc	2022/8/13 18:43
魏芳-工商管理-2000.doc	2022/8/13 18:43
颜育立-机械制造-1998.doc	2022/8/13 18:38

图 3-12　Word 简历文件列表

步骤 1：导入文件夹信息。

使用 Power Query 编辑器导入文件夹信息，选择存放简历的文件夹，并单击【转换数据】按钮，见图 3-13。

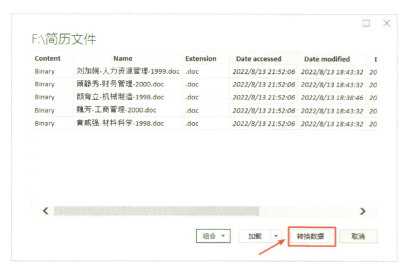

图 3-13　使用 Power Query 获取文件夹信息

步骤 2：拆分列。

保留"Folder Path"和"Name"两列，删除其他列，最后效果如图 3-14 所示。

图 3-14　保留文件名称和存放路径两列信息

复制"Name"列，并按分隔符拆分列，见图 3-15。

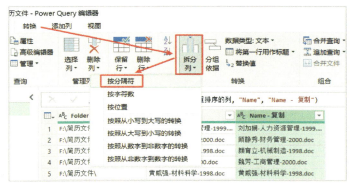

图 3-15　Power Query 拆分列

拆分符号会自动带出"-",如图 3-16 所示。

图 3-16　输入分隔符号

拆分后,修改列名称,将数据表关闭并上载到 Excel 表中,如图 3-17 所示。

图 3-17　上载后的数据表

步骤 3:添加超链接。

在 F 列添加超链接,用 HYPERLINK 函数将 A 列和 C 列连接起来,见图 3-18。

图 3-18　用 HYPERLINK 添加超链接

在 F1 单元格中输入公式:

=HYPERLINK([@[Folder Path]]&[@ Name])

公式中符号"@"表示在超级表(Table)中对列的引用。

步骤4：刷新数据。

当简历文件夹中添加了新文件后，只要在 Excel 中刷新数据，即可快速更新文件信息，见图3-19。

图3-19　刷新文件信息

3.3 批量制作并使用邮件发送面试通知单

在招聘管理流程中，面试环节是人力资源高频率面对的一项重要工作，在安排面试流程中 HR 会基于海量应聘信息进行初步筛查，并根据筛选结果统一安排面试工作，如何快速高效地为计划中的每一名候选人统一发送面试邀请邮件是很多 HR 面临的挑战，可以利用 Word 中的邮件合并功能快速批量生成统一模板的文档。

3.3.1 初识邮件合并

邮件合并的核心功能是将主文档和数据记录列表中的信息组合起来，用来为数据文件中的每条记录创建自定义的主文档复本。邮件合并不仅可以批量生成并发送邮件，日常办公所需要的常用信函，甚至特殊形态的信封、标签、个性化的商业报告，都可以作为邮件合并的主文档模板。

下面先简单了解一下邮件合并过程中的两类文件。

主文档：是一种 Word 文档，其中包含所有生成复本中都含有的固定文本。用户可以手动设置邮件合并主文档，但是 Word 提供了几个能部分自动处理这个过程的功能，Word 所提供的功能依赖于用户所希望产生的文档类型。

- 信函：为每个收件人创建具有个性化的表单信函，每封信函都将打印在单独的纸张上。
- 电子邮件：为每个收件人创建电子邮件，其中包含从收件人联系信息插入的定制信息。
- 信封：创建用于每个收件人寄发信函所使用的信封，除纸张尺寸和类型外，与"信函"是相似的。
- 标签：创建邮件标签表格，其中每个标签包含不同收件人的邮寄地址，这与信封相似，不过信封中每个发件人位于单独的表格上，而标签中都是在一起的。
- 目录：创建数据库条目列表，例如产品目录，这有点类似于标签，不过没有指定的每条记录数据应出现的位置，而是用户可以以任何方式设置排列。

数据文件：包含要合并的可变数据，可以是一个含有表格数据的 Word 文档、Excel 工作簿、Outlook 联系人列表、包含分隔符的文本文件或者其他类型的数据库文件。

3.3.2 使用邮件合并制作面试通知单

图 3-20 为某公司标准的面试邀请函模板，HR 需要按照此模板对所有应邀面试者进行邮件通知，应邀面试人名单信息存在如图 3-21 所示的表格中。在邀请函模板中，面试者姓名、面试部门、面试时间、面试地点等信息需要通过邮件合并功能自动从表格中获取。

图 3-20　面试邀请函模板

步骤 1：选择收件人。如果已经有了数据信息，可以使用现有列表。

第 3 章 招聘与合同管理

序号	面试人	性别	应聘部门	应聘岗位	联系电话	电子邮件	HRBP	HRBP联系方式	面试时间	面试地点
1	王强	男	销售部	销售经理	133****2345	qiang.wang@qq.com	张鑫	135****7654	2022/7/12	1001
2	张诚	男	销售部	销售经理	138****4567	cheng.zhang@163.com	张鑫	135****7654	2022/7/13	1001
3	张娜	女	运营部	运营专员	139****4321	na.zhang@163.com	陈晓	138****2123	2022/7/13	1002
4	高慧	女	市场部	市场总监	138****2312	hui.gao@qq.com	邓蓉	139****8123	2022/7/14	1003
5	陈刚	男	技术部	技术主管	133****8765	gang.chen@sohu.com	陈晓	138****2123	2022/7/13	1003
6	徐天妮	女	法律部	总监助理	130****8765	tianni.xu@163.com	陈晓	138****2123	2022/7/13	1003
7	王小晴	女	运营部	运营专员	136****1234	xiaoqing.wang@qq.com	陈晓	138****2123	2022/7/13	1003
8	赵玲	女	法律部	总监助理	136****7392	ling.zhao@sohu.com	陈晓	138****2123	2022/7/13	1003
9	张伟	男	技术部	技术主管	137****8765	wei.zhang@sohu.com	陈晓	138****2123	2022/7/13	1003
10	吕红	女	销售部	销售经理	138****1232	hong.lv@163.com	张鑫	135****7654	2022/7/13	1003
11	韩宇利	男	市场部	市场总监	176****8761	yuli.han@qq.com	邓蓉	139****8123	2022/7/13	1003

图 3-21　应聘面试人信息表

图 3-22　选择收件人

选择案例素材中的"面试人信息表"Excel 文件即可。

步骤 2：插入合并域。在面试邀请函中对应位置，插入合并域，见图 3-23，会发现插入合并域中的字段就是 Excel 信息表中的标题。

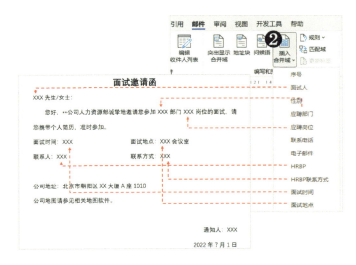

图 3-23　插入合并域对应位置

步骤 3：预览合并结果。可以依次查看每位面试人的信息，见图 3-24。

图 3-24　邮件合并预览结果

步骤 4：完成并合并，见图 3-25。

图 3-25　完成并合并

可以选择"编辑单个文档"，生成一个 10 页的文档，见图 3-26。

图 3-26　生成单个可编辑文档

可以直接连接打印机打印文档。

3.3.3 利用"条件域"进行条件设置

这种常规的邮件合并功能可以满足大多数情况下的标准工作，但在批量生成文档的过程中，如果面对稍微复杂的情景，我们还能顺利实现这一功能吗？本节将借助"域"功能来提升邮件合并功能。

例如，希望根据面试者的性别来决定出现在面试者姓名后面的称呼内容，而不是像很多企业所发出的邀请函一样，同时出现"**先生/女士**"的字样，这一效果需要在邮件合并的过程中借助"**条件域**"的功能来实现。选中邀请函文档中"先生/女士"的文字内容，执行【规则】中的【如果 . . . 那么 . . . 否则】命令。

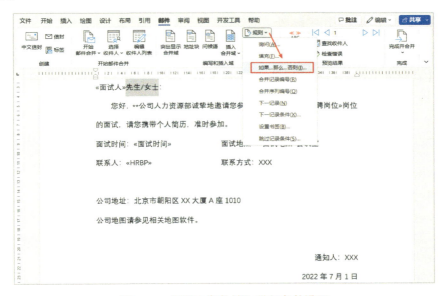

图 3-27　利用"条件域"进行条件设置

在"域名"列表中，选择提供判断依据的"性别"列，在"比较条件"列表中选择"等于"，在"比较对象"中输入"男"，在"则插入此文字"中输入条件为真时应显示的文字，这里输入"先生"，在"否则插入此文字"中输入条件为假时应显示的文字，这里输入"女士"，如图 3-28 所示。

完成合并后，在预览窗口中可以看到每一份生成的邀请函中，称呼都会随着受邀者的性别而自动改变。这里我们使用的"条件域"能用来根据某个域的值在合并的每个文档复本中插入不同的文本。

图 3-28 条件域设置

3.3.4 合并发送电子邮件

如果希望每位面试人都会收到自己的面试邀请单,就要用到【完成并合并】中的【发送电子邮件】。要顺利完成邮件发送,有两个前提:

(1)数据源中每条记录都有电子邮件地址;

(2)默认发送电子邮件是微软 Outlook 软件。

单击【发送电子邮件】弹出如图 3-29 所示的对话框,确保在"收件人"下拉列表中选择电子邮件字段进行匹配,并输入邮件主题,如果文档中包含格式设置,诸如颜色、特殊字体等,务必保证选择"HTML"作为邮件格式。单击【确定】按钮后,我们上面所生成的每一份面试邀请函文档会基于每名用户的邮件地址进行发送。

图 3-29 合并到电子邮件

3.4 招聘效果分析图表

很多知名企业的人力资源部门会设置人才供应数据分析这一职位,用于驱动人才供应战略,体现其对组织的商业价值。他们像数据分析师一样工作,如果能挖掘大数据背后的"故事",就能找到候选人在哪里,以及知道该如何运用更聪明的办法找到他们、甄选并录用他们。招聘的目标群体是复杂的,但这并不意味着招聘人员无法对目标群体的行为做出合理而准确的分析。

招聘人员可以通过各种方式，收集求职者的数据，并通过对数据的分析推断出一些结论，从而为招聘工作服务，并从解决招聘问题到主动优化招聘体系。对于负责招聘的人力资源伙伴来说，招聘分析报告的主要目的是，及时做好招聘工作阶段性总结和分析，为招聘工作质量改进和采取措施提升招聘质量奠定良好的管理基础。本节我们将讨论在设计招聘分析报告的过程中，对于相关数据的处理及可视化展示。

3.4.1 空岗率：双层环形图

通常情况下，在设计一份报告时，首先会将关键指标数据以醒目的方式，突出显示在报告的首要位置，以引起用户的关注。例如在招聘分析报告的开始，我们先呈现当前员工空岗率等重要指标。如图 3-30 所示的环形图是一种常见的呈现比率相关指标的形式，相比于传统饼图这类图表类型有更强的视觉体验效果。

创建这种图形需要在实际数据以外补充一点辅助数据，如图 3-30 所示，A4 单元格中 67.5%是我们希望展示的空岗率指标，除此以外，另外三个单元格中的数据全部为辅助数据，用以支持我们创建出最终的图表形式，B4 单元格中的公式为：1-A4，这意味着 A4 与 B4 单元格中的数值构成了图中的外环部分，生成图表后只

图 3-30　双层环形图

需要将 B4 对应的环形部分设置成无颜色即可。而图中的内环部分是由 A3 和 B3 两个单元格构成，基于数据 1 和 0 的关系，内环会默认生成一个只有 100%部分的圆环。

数据区域 A2：B4 默认生成的双层环形图如图 3-31 左图所示，可以根据右

图 3-31　双层环形图的设置

图的设置,调整圆环的大小比例,找到辅助数据 32.50% 对应的环形区域,设置无填充颜色。最后加上数据标签,放在圆环中间即可。

3.4.2 离职率:图钉图

通常在表现不同类别数量多少时,最常使用的图表是柱形图,因为大家用柱形图很多,容易造成审美疲劳,不太吸引用户眼球。我们不妨换一种图表,视觉呈现上更有创意,来替换普通的柱形图。如图 3-32 所示,每个部门离职率用一颗类似大头针形状的图形表示。

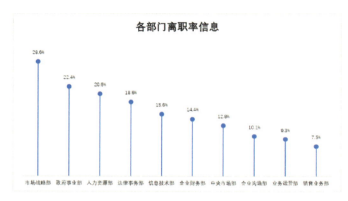

图 3-32　用图钉图展示离职率

步骤 1:制作离职率折线图。

选中如图 3-33 所示的 B2:C12 单元格区域,在【插入】选项卡中选择"带数据标记点的折线图",生成默认图表。

	B	C
2	部门	离职率
3	市场战略部	28.6%
4	政府事业部	22.4%
5	人力资源部	20.6%
6	法律事务部	18.6%
7	信息技术部	15.6%
8	企业财务部	14.4%
9	中央市场部	12.8%
10	企业沟通部	10.1%
11	业务运营部	9.3%
12	销售业务部	7.5%

图 3-33　各部门离职率

步骤 2：为折线图添加误差线。

单击图表右上角的"+"图表元素图标，勾选误差线，结果如图 3-34 所示。

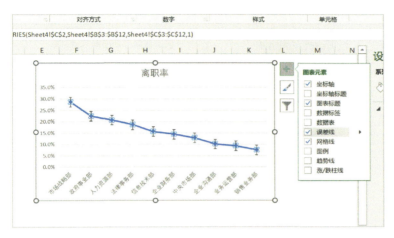

图 3-34　添加误差线

步骤 3：设置误差线和折线。

右键单击任意系列上的误差线，执行【设置错误栏格式】命令，在图 3-35 所示的"设置误差线格式"对话框中，选择【负误差】-【自定义】-【指定值】命令，在弹出的"自定义误差栏"窗口中的负误差值区域选择 C3：C12 单元格区域，确定后我们会看到从数据点到横坐标轴之间会生成一条直线。

图 3-35　显示负误差线

随后，我们通过如图 3-36 所示的"设置数据系列格式"对话框，将折线图中的线条颜色取消，数据标记使用内置选项中的圆点形状并调整大小、颜色等格式，最终呈现出图 3-32 所示的效果。

图 3-36　折线图数据系列格式设置

3.4.3　招聘转化率：漏斗图

通常情况下，我们会根据招聘的全流程来进行分析，例如从简历收集量、简历筛选、邀约面试、面试到访、初试通过、复试到访、复试通过、确认 Offer、实际入职这个流程来进行分析，流程的每个步骤可以用漏斗模型进行展示，用来分析招聘的关键路径，为了让分析的结果更形象，可以借助漏斗图更为直观地展示每个环节的转化率。

如图 3-37 所示的表格中，显示了企业招聘流程中从最初的简历收集到最终

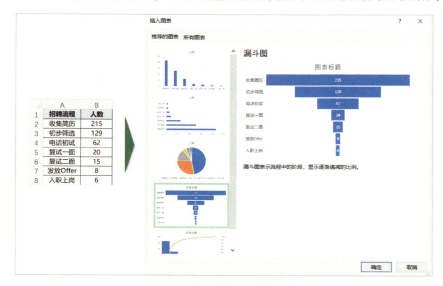

图 3-37　招聘全流程人数分析

的入职上岗，每一环节相关的人数。

选中 A1：B8 单元格区域中的数据，在"插入"选项卡中创建漏斗图，可以通过推荐图表自动生成。

最终漏斗图的效果如图 3-38 所示。

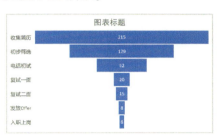

图 3-38　招聘效果漏斗图

通过本节所展示的可视化图表，我们发现很多个性化的图表都依赖于辅助数据的引入，就像前面的双层环形图。在 Excel 中打造个性化图表，除了按照某些专业的标准和原则去美化图表元素的格式外，添加辅助数据也是一种非常重要的途径，当然这需要图表的设计者娴熟地掌握每一张图表的生成原理，才能合理地使用辅助数据。这需要大家不断地积累经验技巧，尽可能从各种途径多见识一些个性化的图表。

HR 进行招聘数据分析的目的无非是通过人力资源管理系统数据呈现招聘结果、效果，并分析数据，了解招聘环节与行业的差异，并将这个模块逐步优化和改进，从而提高招聘效率。总之，通过招聘数据分析可以更好地优化招聘过程，实现数字化驱动招聘决策。

3.5　合同管理

招聘业务完成，新员工入职就需要签订合同协议。在合同管理中，最常见的就是合同到期的计算和预警，以及批量生成合同等应用。

3.5.1　用 EDATE 函数计算合同到期日

在 Excel 中提供的日期和时间类函数可以计算合同到期日期、管理合同的状态、员工生日提醒等问题。

我们来看一个案例，在如图 3-39 所示的员工合同信息表中，员工合同正常情况下为 3 年，其中员工在入职日期开始后的 3 个月时间内为试用期，试用期后转为正式在职员工。要求基于 I 列合同开始日期，快速计算出试用期结束日期、合同截止日期，以及员工当前合同状态。

	A	B	C	D	E	F	G	H	I	J	K	L
1	员工编码	员工姓名	性别	部门	岗位	联系电话	HRBP	HRBP联系方式	合同开始日期	试用期到期日	合同到期日	状态
2	1001	王强	男	销售部	销售经理	133****2345	张鑫	135****7654	2022/7/12			
3	1002	张诚	男	销售部	销售经理	138****4567	张鑫	135****7654	2018/3/15			
4	1003	张娜	女	运营部	运营专员	139****4321	陈晓	138****2123	2019/10/30			
5	1004	高慧	女	市场部	市场总监	138****2312	邓蓉	139****8123	2020/9/5			
6	1005	陈刚	男	技术部	技术主管	133****8765	陈晓	138****2123	2009/11/18			
7	1006	徐天妮	女	法律部	总监助理	130****8765	陈晓	138****2123	2019/10/15			
8	1007	王小晴	女	运营部	运营专员	136****1234	陈晓	138****2123	2017/8/3			
9	1008	赵玲	女	法律部	总监助理	136****7392	陈晓	138****2123	2021/5/20			
10	1009	张伟	男	技术部	技术主管	137****8765	陈晓	138****2123	2022/3/5			
11	1010	吕红	女	销售部	销售经理	138****1232	张鑫	135****7654	2022/1/19			
12	1011	韩宇利	男	市场部	市场总监	176****8761	邓蓉	139****8123	2017/12/10			

图 3-39　员工合同信息表 1

试用期和合同到期日期，可以用第 2 章介绍的 EDATE 函数实现。

在 J2 单元格中输入公式：

```
=EDATE(I2,3)-1
```

在 K2 单元格中输入公式：

```
=EDATE(I2,36)-1
```

一般情况下合同会在签订的当天生效，有效期是截止到 N 年后的当前月当前日的前一天，所以要解决这一问题，我们可以在单元格 J2 和 K2 的公式后 -1。

员工状态根据当天日期与试用期和合同到期日有关，在 L2 单元格中输入公式：

```
=IF(TODAY()>K2,"离职",IF(TODAY()<J2,"试用","在职")
```

这样可将员工合同信息表补充完整，见图 3-40。

	A	B	C	D	E	F	G	H	I	J	K	L
1	员工编码	员工姓名	性别	部门	岗位	联系电话	HRBP	HRBP联系方式	合同开始日期	试用期到期日	合同到期日	状态
2	1001	王强	男	销售部	销售经理	133****2345	张鑫	135****7654	2022/7/12	2022/10/11	2025/7/11	试用
3	1002	张诚	男	销售部	销售经理	138****4567	张鑫	135****7654	2018/3/15	2018/6/14	2021/3/14	离职
4	1003	张娜	女	运营部	运营专员	139****4321	陈晓	138****2123	2019/10/30	2020/1/29	2022/10/29	在职
5	1004	高慧	女	市场部	市场总监	138****2312	邓蓉	139****8123	2020/9/5	2020/12/4	2023/9/4	在职
6	1005	陈刚	男	技术部	技术主管	133****8765	陈晓	138****2123	2009/11/18	2010/2/17	2012/11/17	离职
7	1006	徐天妮	女	法律部	总监助理	130****8765	陈晓	138****2123	2019/10/15	2020/1/14	2022/10/14	在职
8	1007	王小晴	女	运营部	运营专员	136****1234	陈晓	138****2123	2017/8/3	2017/11/2	2020/8/2	离职
9	1008	赵玲	女	法律部	总监助理	136****7392	陈晓	138****2123	2021/5/20	2021/8/19	2024/5/19	在职
10	1009	张伟	男	技术部	技术主管	137****8765	陈晓	138****2123	2022/3/5	2022/6/4	2025/3/4	在职
11	1010	吕红	女	销售部	销售经理	138****1232	张鑫	135****7654	2022/1/19	2022/4/18	2025/1/18	在职
12	1011	韩宇利	男	市场部	市场总监	176****8761	邓蓉	139****8123	2017/12/10	2018/3/9	2020/12/9	离职

图 3-40　员工合同信息表 2

3.5.2 合同到期天数计算和预警

在 Excel 中我们可以实现很多情景下的业务提醒功能，便于业务管理人员快速响应。在人力资源数据管理中，同样会面临很多日期时间节点提醒的情景，例如让 Excel 自动标识出一周内即将过生日的员工信息，以便人力资源部提前发送生日祝福邮件。同样在合同管理方面，Excel 可以标识出某时间范围内合同即将到期的员工，以便人力资源部及时通知员工启动合同更新流程。本节我们将借助 Excel 提供的条件格式和日期函数的组合应用来实现这种预警功能。

在图 3-40 的员工合同信息表中，我们希望对合同在 30 天内到期的员工姓名进行颜色标识。首先选中 **B2：B12** 区域，选择【条件格式】-【新建规则】。因为要用具体的公式进行日期计算，需要选择第 6 类【使用公式确定要设置格式的单元格】。

其中公式如下：

=AND(K2-TODAY()<=30,K2-TODAY()>0)

条件格式设置，如图 3-41 所示。

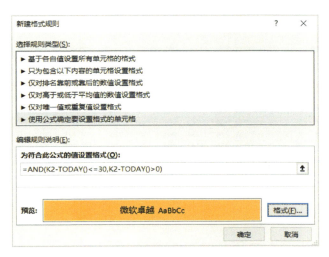

图 3-41　条件格式设置

以 2022 年 10 月 2 日为当天日期，发现有"张娜"和"徐天妮"两位员工的合同在 30 天内到期，如图 3-42 所示。

	A	B	C	D	E	F	G	H	I	J	K	L
1	员工编码	员工姓名	性别	部门	岗位	联系电话	HRBP	HRBP联系方式	合同开始日期	试用期到期日	合同到期日	状态
2	1001	王强	男	销售部	销售经理	133****2345	张鑫	135****7654	2022/7/12	2022/10/11	2025/7/11	试用
3	1002	张诚	男	销售部	销售经理	138****4567	张鑫	135****7654	2018/3/15	2018/6/14	2021/3/14	离职
4	1003	张娜	女	运营部	运营专员	139****4321	陈晓	138****2123	2019/10/30	2020/1/29	2022/10/29	在职
5	1004	高慧	女	市场部	市场总监	138****2312	邓善	139****8123	2020/9/5	2020/12/4	2023/9/4	在职
6	1005	陈刚	男	技术部	技术主管	133****8765	陈晓	138****2123	2009/11/18	2010/2/17	2012/11/17	离职
7	1006	徐天妮	女	法律部	总监助理	130****8765	陈晓	138****2123	2019/10/15	2020/1/14	2022/10/14	在职
8	1007	王小晴	女	运营部	运营专员	136****1234	陈晓	138****2123	2017/8/3	2017/11/2	2020/8/2	离职
9	1008	赵玲	女	法律部	总监助理	136****7392	陈晓	138****2123	2021/5/20	2021/8/19	2024/5/19	在职
10	1009	张伟	男	技术部	技术主管	137****8765	陈晓	138****2123	2022/3/5	2022/6/4	2025/3/4	在职
11	1010	吕红	女	销售部	销售经理	138****1232	张鑫	135****7654	2022/1/19	2022/4/18	2025/1/18	在职
12	1011	韩宇利	男	市场部	市场总监	176****8761	邓善	139****8123	2017/12/10	2018/3/9	2020/12/9	离职

图 3-42　30 天内合同到期的员工姓名格式提醒

【知识拓展】

有的人力资源伙伴希望对合同到期的提醒，不仅仅是员工姓名，而是整行变颜色提醒，就需要在公式中使用锁定符号“$”。

选中 **A2**：**L12** 区域，在条件格式的公式中输入：

```
=AND($K2-TODAY()<=30,$K2-TODAY()>0)
```

提醒效果如图 3-43 所示。

	A	B	C	D	E	F	G	H	I	J	K	L
1	员工编码	员工姓名	性别	部门	岗位	联系电话	HRBP	HRBP联系方式	合同开始日期	试用期到期日	合同到期日	状态
2	1001	王强	男	销售部	销售经理	133****2345	张鑫	135****7654	2022/7/12	2022/10/11	2025/7/11	试用
3	1002	张诚	男	销售部	销售经理	138****4567	张鑫	135****7654	2018/3/15	2018/6/14	2021/3/14	离职
4	1003	张娜	女	运营部	运营专员	139****4321	陈晓	138****2123	2019/10/30	2020/1/29	2022/10/29	在职
5	1004	高慧	女	市场部	市场总监	138****2312	邓善	139****8123	2020/9/5	2020/12/4	2023/9/4	在职
6	1005	陈刚	男	技术部	技术主管	133****8765	陈晓	138****2123	2009/11/18	2010/2/17	2012/11/17	离职
7	1006	徐天妮	女	法律部	总监助理	130****8765	陈晓	138****2123	2019/10/15	2020/1/14	2022/10/14	在职
8	1007	王小晴	女	运营部	运营专员	136****1234	陈晓	138****2123	2017/8/3	2017/11/2	2020/8/2	离职
9	1008	赵玲	女	法律部	总监助理	136****7392	陈晓	138****2123	2021/5/20	2021/8/19	2024/5/19	在职
10	1009	张伟	男	技术部	技术主管	137****8765	陈晓	138****2123	2022/3/5	2022/6/4	2025/3/4	在职
11	1010	吕红	女	销售部	销售经理	138****1232	张鑫	135****7654	2022/1/19	2022/4/18	2025/1/18	在职
12	1011	韩宇利	男	市场部	市场总监	176****8761	邓善	139****8123	2017/12/10	2018/3/9	2020/12/9	离职

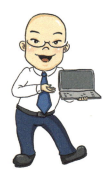

图 3-43　30 天内合同到期的员工整行格式提醒

3.5.3 批量生成合同的日期和金额显示

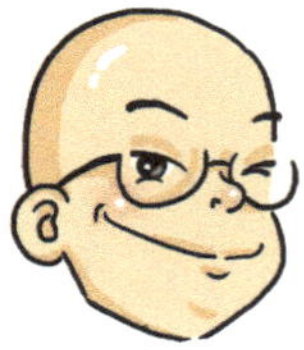

在企业招聘环节的结尾阶段，人力资源部门的伙伴会与所有通过最终面试确认被公司聘用的候选人协商确认入职时间，并在员工入职前完成劳动合同的制订。每个企业都有其标准统一的劳动合同模板，HR 需要根据每名新员工的基础信息批量制订劳动合同，这一工作

如果完全以手动方式处理，当新入职员工数量较多时，工作效率将会大打折扣。可以借助 Word 的邮件合并功能批量生成员工合同文档，具体方法可以参考 3.3 节的介绍。

如图 3-44 所示，合同协议中的日期不是常规显示的"XXXX 年 XX 月 XX 日"格式，金额没有显示为"￥18,000.00"的格式，这种情况应该如何转换成我们想要的效果呢？

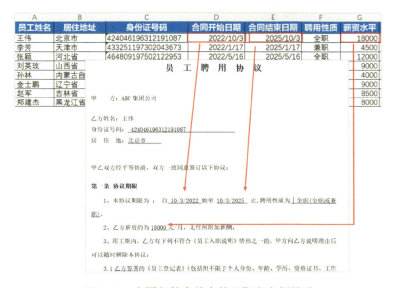

图 3-44　合同邮件合并中的日期和金额显示

在已经插入合并域的协议模板文件中，右键单击日期【切换域代码】，在原有代码后输入格式开关语句：

```
\@ "YYYY年M月D日"
```

右键单击薪资水平，选择【切换域代码】，在原有代码后输入格式开关语句：

```
\#"￥#,##0.00"
```

效果如图 3-45 所示。

右键单击【更新域】之后，预览效果如图 3-46 所示，这样就达到了我们预期的显示效果。

Excel 高效应用：
HR 数字化管理实战

员 工 聘 用 协 议

甲　方：ABC 集团公司

乙方姓名：{ MERGEFIELD 员工姓名 }
身份证号码：{ MERGEFIELD 身份证号码 }
居　住　地：{ MERGEFIELD 居住地址 }

甲乙双方经平等协商，双方一致同意签订以下协议：

第一条　协议期限

1、本协议期限为：自 { MERGEFIELD 合同开始日期\@"YYYY 年 M 月 D 日" }始至{ MERGEFIELD 合同结束日期\@"YYYY 年 M 月 D 日" } 止，聘用性质为 { MERGEFIELD 聘用性质 }（全职或兼职）。

2、乙方薪资的为{ MERGEFIELD 薪资水平\# "￥#,##0.00" }元/月，无任何附加薪酬。

3、用工期内，乙方有下列不符合《员工入职说明》情形之一的，甲方向乙方说明理由后

图 3-45　编辑右键合并域代码

员 工 聘 用 协 议

甲　方：ABC 集团公司

乙方姓名：王伟
身份证号码：424046196312191087
居　住　地：北京市

甲乙双方经平等协商，双方一致同意签订以下协议：

第一条　协议期限

1、本协议期限为：自 2022 年 10 月 3 日始至 2025 年 10 月 3 日 止，聘用性质为 全职（全职或兼职）。

2、乙方薪资的为￥18,000.00 元/月，无任何附加薪酬。

3、用工期内，乙方有下列不符合《员工入职说明》情形之一的，甲方向乙方说明理由后可以随时解除本协议。

图 3-46　邮件合并日期和金额优化效果

第 4 章

「考勤管理」

考勤管理是企事业单位对员工出勤进行考核的一种管理方式。作为考勤管理中常态化的数据收集整理工具，考勤表格设计的规范程度与其附加的数据分析功能，直接决定着考勤管理人员日常的工作效率。

本章将介绍基于结构化的考勤表进行考勤数据的标识与汇总，知识结构思维导图见图 4-1。

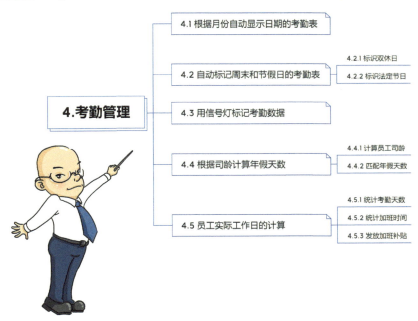

图 4-1　第 4 章知识结构思维导图

4.1 根据月份自动显示日期的考勤表

在考勤管理的日常工作中，因为每个月份实际天数不等，导致每个月考勤表的日期数量也不同。如图 4-2 所示，根据指定年份和月份，显示该月份开始日期和结束日期,并在下方表格中自动显示每天的日期序号(比如 1-30 等)。

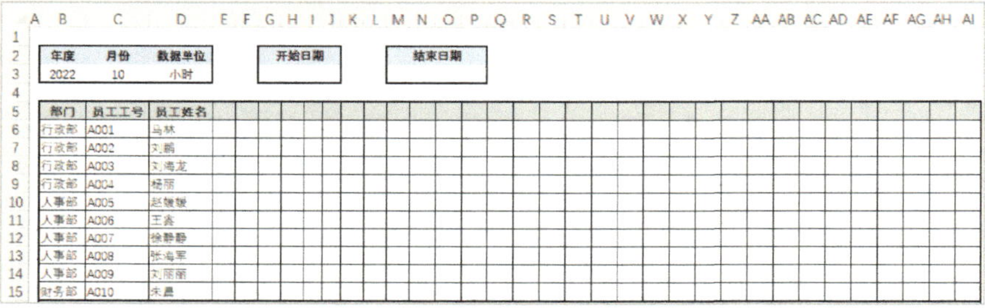

图 4-2 空白标准考勤表

G3 单元格是指定月份的开始日期,输入公式:

```
=DATE(B3,C3,1)
```

M3 单元格是指定月份的结束日期,输入公式:

```
=DATE(B3,C3+1,0)
```

表示 2022 年 11 月份的前一天,即 2022-10-31。
也可以用月末日期函数 EOMONTH 来写:

```
=EOMONTH(G3,0)
```

EOMONTH 函数语法规则功能如下:
EOMONTH(指定日期,月份数)

返回某个月份最后一天的日期,月份数为正表示按指定日期向后偏移,月份数为负表示按指定日期向前偏移。

E5 单元格中输入公式:

```
=IF($G$3+COLUMN(A1)<=$M$3+1,COLUMN(A1),"")
```

图 4-3 带公式的考勤信息表

这样可以根据指定的年份和月份,自动显示每个月的实际日期,比如 2022 年 2 月会显示日期 1-28,2022 年 9 月会显示 1-30,2022 年 10 月会显示 1-31,如图 4-4 所示。

年度	月份	数据单位	开始日期	结束日期
2022	2	小时	2022/2/1	2022/2/28

部门	员工工号	员工姓名	1	2	3	4	5	6	7	8	9	10	11	12	13	14	15	16	17	18	19	20	21	22	23	24	25	26	27	28			
行政部	A001	马林																															
行政部	A002	刘鹏																															

年度	月份	数据单位	开始日期	结束日期
2022	9	小时	2022/9/1	2022/9/30

部门	员工工号	员工姓名	1	2	3	4	5	6	7	8	9	10	11	12	13	14	15	16	17	18	19	20	21	22	23	24	25	26	27	28	29	30	
行政部	A001	马林																															
行政部	A002	刘鹏																															

年度	月份	数据单位	开始日期	结束日期
2022	10	小时	2022/10/1	2022/10/31

部门	员工工号	员工姓名	1	2	3	4	5	6	7	8	9	10	11	12	13	14	15	16	17	18	19	20	21	22	23	24	25	26	27	28	29	30	31
行政部	A001	马林																															
行政部	A002	刘鹏																															

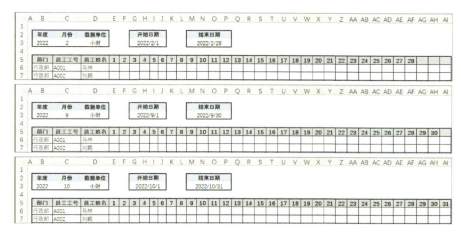

图 4-4 日期按指定月份变化示意

4.2 自动标记周末和节假日的考勤表

在月度考勤表中记录着来自不同部门的每名员工在当月的出勤情况，人力资源伙伴在进行考勤数据统计的过程中，一般希望在明细数据表中快速区分出工作日与节假日两个不同时间段的数据，我们可以借 Excel 中的条件格式功能辅以函数的支持来实现这一效果。

4.2.1 标识双休日

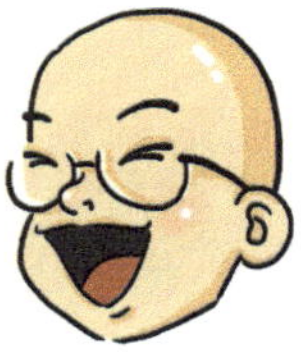

在如图 4-5 所示的员工考勤表格中，周末的日期会随着表头中年度与月度的选择而变化，因此我们可以通过表头所组成的日期信息中的 WEEKDAY 函数识别出当前年月的双休日情况，并通过条件中的【使用公式确定要设置格式】的单元格这一规则实现考勤表中对于周末日期的快速标识，详情见图 4-6。

年度	月份	数据单位	开始日期	结束日期
2022	8	小时	2022/8/1	2022/8/31

部门	员工工号	员工姓名	1	2	3	4	5	6	7	8	9	10	11	12	13	14	15	16	17	18	19	20	21	22	23	24	25	26	27	28	29	30	31
行政部	A001	马林	8	8	8	12	4	0	8	8	8	8	8	0	0	8	8	8	8	8	0	0	8	8	8	8	8	0	0	8	8	8	8
行政部	A002	刘鹏	10	8	8	8	0	0	8	8	10	8	8	4	0	8	8	8	8	8	0	0	8	10	8	8	8	0	8	10	8	8	9
行政部	A003	刘海龙	8	8	11	8	4	0	9	8	11	8	10	8	0	8	10	8	8	8	8	8	8	8	8	9	8	0	0	8	8	8	8
行政部	A004	杨丽	8	10	8	8	0	0	8	10	8	8	8	0	0	8	9	8	8	8	0	0	9	8	8	8	8	8	0	8	8	10	8
人事部	A005	赵媛媛	8	8	8	8	0	8	9	8	9	8	8	0	0	8	8	8	8	8	0	4	8	8	10	8	8	0	8	8	9	8	8
人事部	A006	王鑫	8	8	8	8	0	0	8	8	8	8	8	0	4	8	8	8	8	8	0	0	8	8	8	8	8	0	0	8	8	8	8
人事部	A007	徐静静	10	8	10	8	0	0	8	9	8	8	8	0	0	8	8	10	8	8	0	0	8	8	8	8	8	4	0	8	8	8	8
人事部	A008	张海军	8	9	8	8	0	0	8	8	11	8	8	4	0	8	9	8	8	8	0	0	8	8	8	8	8	0	0	8	9	8	8
人事部	A009	刘丽丽	8	8	8	8	4	0	8	8	10	8	8	0	0	8	8	8	8	8	0	4	8	8	8	8	8	8	8	8	8	8	9
财务部	A010	朱晨	9	9	10	8	0	0	8	8	8	8	8	8	0	8	8	8	10	8	0	0	8	8	11	10	8	0	0	9	8	8	9

图 4-5 标识双休日的考勤表

图 4-6　用条件格式标识双休日

```
=OR(WEEKDAY(DATE($B$3,$C$3,E$5),2)=6,WEEKDAY(DATE($B$3,$C$3,E$5),2)=7)
```

其中 DATE 函数用来将表头中的 B3 与 C3 单元格中年度与月份数据组合成一个标准日期型。WEEKDAY 函数返回一周中第几天的数值，是一个 1~7（或 0~6）的整数，参数 2 符合我国习惯，星期一作为一周的第 1 天。OR 函数用于逻辑判断，多个条件间是"或者"的关系，将双休日中的周六与周日两种情况同时进行考虑。

4.2.2　标识法定节日

借助上面的案例，可以快速将考勤表中双休日的数据标识出来，但除了周末以外，我们还享有国家规定的法定节日，而且每当遇到长假时，经常会出现周末调休的情况，因此希望将这些法定节日连同周末日期一同被标识出来，同时调休的周末日期自动被标识为工作日，下面让我们进一步完善当前的考勤表，以满足上述需求。

首先在表格中将一年中所有假日相关日期以及被调休后的周末日期分别整理出来，如图 4-7 所示。随后再次借助"条件格式"功能，将考勤表中与辅助数据区域中的"假日"列中相同的日期数据标识出来，并排除掉"周末调休"列中的日期，新增加的两条规则如下：

```
=COUNTIF($AN:$AN,DATE($B$3,$C$3,E$5))>0
=COUNTIF($AM:$AM,DATE($B$3,$C$3,E$5))>0
```

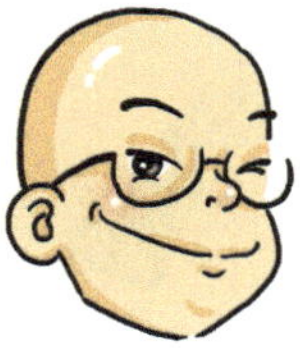

	假日	周末调休
新年	2022/1/1	
新年	2022/1/2	
新年	2022/1/3	
春节	2022/1/31	2022/1/29
春节	2022/2/1	2022/1/30
春节	2022/2/2	
春节	2022/2/3	
春节	2022/2/4	
春节	2022/2/5	
春节	2022/2/6	
清明节	2022/4/3	2022/4/2
清明节	2022/4/4	
清明节	2022/4/5	
劳动节	2022/4/30	2022/5/7
劳动节	2022/5/1	
劳动节	2022/5/2	
劳动节	2022/5/3	
劳动节	2022/5/4	
端午节	2022/6/3	
端午节	2022/6/4	
端午节	2022/6/5	
中秋节	2022/9/12	
中秋节	2022/9/13	
中秋节	2022/9/14	
国庆节	2022/10/1	2022/10/8
国庆节	2022/10/2	2022/10/9
国庆节	2022/10/3	
国庆节	2022/10/4	
国庆节	2022/10/5	
国庆节	2022/10/6	
国庆节	2022/10/7	
其他		

图 4-7 法定假日和调休表

年度	月份	数据单位	开始日期	结束日期
2022	10	小时	2022/10/1	2022/10/31

部门	员工工号	员工姓名	1	2	3	4	5	6	7	8	9	10	11	12	13	14	15	16	17	18	19	20	21	22	23	24	25	26	27	28	29	30	31
行政部	A001	马林	8	8	8	12	4	0	8	8	8	8	8	0	0	8	8	8	8	8	0	0	8	8	8	8	8	0	0	8	8	8	8
行政部	A002	刘鹏	10	8	8	8	0	0	8	8	10	8	8	4	0	8	8	8	8	8	0	0	8	10	8	8	8	0	8	10	8	8	9
行政部	A003	刘海龙	8	8	11	8	4	0	9	8	11	8	10	6	0	8	10	8	8	8	8	8	8	8	8	9	8	0	0	8	8	8	8
行政部	A004	杨丽	8	10	8	8	0	0	8	10	8	8	8	0	0	8	9	8	8	8	0	0	9	8	8	8	8	8	0	8	8	10	8
人事部	A005	赵媛媛	8	8	8	8	0	8	9	8	9	8	8	0	0	8	8	8	8	8	0	4	8	8	10	8	8	0	8	8	9	8	8
人事部	A006	王鑫	8	8	8	8	0	0	8	8	8	8	8	0	4	8	8	8	8	8	0	0	8	8	8	8	8	0	0	8	8	8	8
人事部	A007	徐静静	10	8	10	8	0	0	8	9	8	8	8	0	0	8	8	10	8	8	0	0	8	8	8	8	8	4	0	8	8	8	8
人事部	A008	张海军	8	9	8	8	0	0	8	8	11	8	8	4	0	8	9	8	8	8	0	0	8	8	8	8	8	0	0	8	9	8	8
人事部	A009	刘丽丽	8	8	8	8	4	0	8	8	10	8	8	0	0	8	8	8	8	8	0	4	8	8	8	8	8	8	8	8	8	8	9
财务部	A010	朱晨	9	9	10	8	0	0	8	8	8	8	8	6	0	8	8	8	10	8	0	0	8	8	11	10	8	0	0	9	8	8	9

图 4-8 2022 年 10 月考勤表

以图 4-8 为例，10 月 8-9 日属于周末，但由于调休原因该日期实际为工作日，因此并没有标识出这个日期。

【知识拓展】

这里请大家注意，当在同一数据区域上叠加了多个条件格式规则时，规则的优先级直接决定了数据区域上最终应用的格式效果，如图4-9所示，通过"条件格式"规则管理器窗口中的"上移"和"下移"命令，可以调整规则执行的先后顺序，同时每个规则右侧"如果为真则停止"的复选按钮也会改变规则的优先级，"未设定格式"效果相当于清除现有数据区域的格式，我们可以巧妙地运用这一功能。

图4-9　条件格式中多个规则的运用

4.3 用信号灯标记考勤数据

Excel 中条件格式除了设置单元格的数字格式、字体、边框和填充背景以外，还有多种可视化的显示效果，主要分为数据条、色阶和图标集三类，见图4-10。

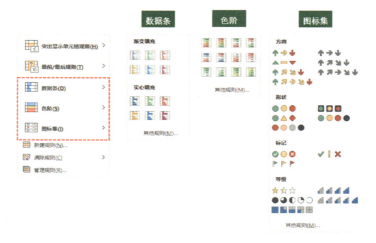

图4-10　条件格式三大可视化功能

第4章 考勤管理

在考勤表中可以借助【图标集】这一功能,将表格中符合特定条件的数据进行标识,提高数据的可读性。假设人力资源部计划基于员工每天工作时长,对考勤表进一步格式化,对工作时长不足 8 小时以及超过 8 小时的员工分别进行标注,以分析额定工作量不足和加班问题突出的员工。

首先选中要设置格式的数据区域,条件格式中使用【基于各自值设置所有单元格的格式】这一规则,格式样式中选择"图标集",并在每一个图标后面设置条件判断的类型、关系与值,见图 4-11 所示,并勾选"仅显示图标"复选按钮,确定后结果如图 4-12 所示,对于工作量不达标和过度加班的员工可以一目了然。

图 4-11　用图标集设置考勤表

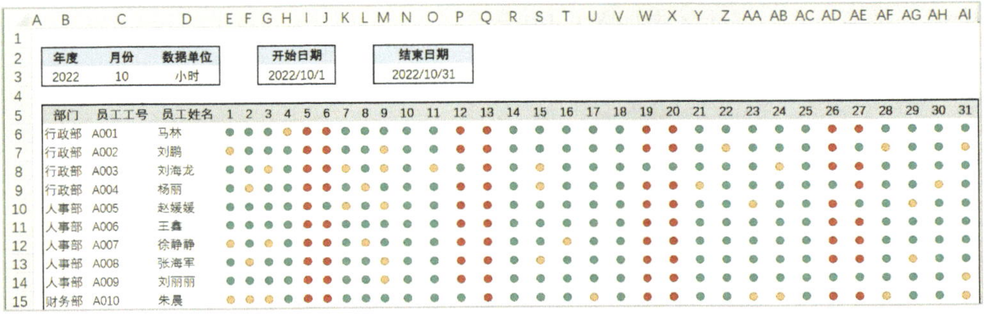

图 4-12　用图标集标记考勤表效果

4.4 根据司龄计算年假天数

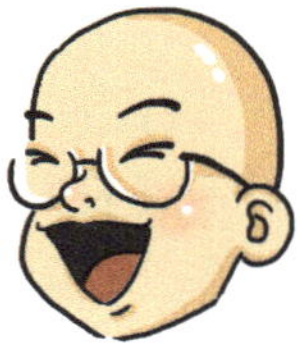

休假作为企业为员工提供的一项福利，已成为企业吸引优秀人才的重要条件，很多企业基于不同的条件为员工打造了优厚的休假政策，本节我们一起讨论人力资源部门处理员工休假数据时的一些工作情景。

4.4.1 计算员工司龄

在企业的员工福利政策中，年假这项目福利往往和员工在该公司任职的时间有直接关系，所以人力资源部往往会根据员工的基本信息，如入职日期、职级等作为福利政策的判断条件。Excel 包含了一系列的日期和时间函数，为我们处理日期类型的数据提供了高效支持。

如图 4-13 所示，在员工信息表中记录了“加入公司日期”这一信息，我们如何基于这一信息计算出员工的司龄呢？

G2 =DATEDIF(F2,TODAY(),"Y")

	A	B	C	D	E	F	G	H
1	姓名	性别	部门	职务	婚否	加入公司日期	司龄1	司龄2
2	张力	男	行政人事部	部门经理	已婚	2004/4/12	18	
3	孙得位	男	财务部	部门经理	未婚	2010/5/13	12	
4	赵方	男	市场部	部门经理	已婚	2019/4/14	3	
5	李市芬	女	技术支持部	部门经理	已婚	2000/5/12	22	
6	王号弥	男	开发部	部门经理	未婚	2008/5/20	14	

图 4-13　司龄计算公式 1

可以参考 2.1.3 小节，在 G2 单元格中输入公式：

```
=DATEDIF(F2,TODAY(),"Y")
```

这里的司龄只显示整数，如果要显示具体的年数和月数，可以在 H2 单元格中输入以下公式，显示效果如图 4-14 所示。

H2 =DATEDIF(F2,TODAY(),"Y")&"年"&DATEDIF(F2,TODAY(),"YM")&"个月"

	A	B	C	D	E	F	G	H
1	姓名	性别	部门	职务	婚否	加入公司日期	司龄1	司龄2
2	张力	男	行政人事部	部门经理	已婚	2004/4/12	18	18年5个月
3	孙得位	男	财务部	部门经理	未婚	2010/5/13	12	12年4个月
4	赵方	男	市场部	部门经理	已婚	2019/4/14	3	3年5个月
5	李市芬	女	技术支持部	部门经理	已婚	2000/5/12	22	22年4个月
6	王号弥	男	开发部	部门经理	未婚	2008/5/20	14	14年4个月

图 4-14　司龄计算公式 2

```
=DATEDIF(H3,TODAY(),"Y")&"年"&DATEDIF(H3,TODAY(),"YM")&"个月"
```

如果要司龄显示具体的整数和小数，需要用到 YEARFRAC 函数，在 H2 单元格中输入以下公式，显示效果如图 4-15 所示。

```
=YEARFRAC(F2,TODAY(),1)
```

图 4-15　司龄计算公式 3

YEARFRAC 函数可以计算两个日期之间相差天数占全年的百分比，函数结构如下：

YEARFRAC（起始日期、终止日期、计算基准）

计算基准参数可以参考表 4-1。

表 4-1　YEARFRAC 计算基准参数含义

参　　数	含　　义
0（或省略）	美国（NASD）30/360
1	实际天数/年度实际天数
2	实际天数/360
3	实际天数/365
4	欧洲 30/360

4.4.2　匹配年假天数

基于上面例子中计算出的员工司龄信息，按照图 4-16 所列出的年假参照表，可以快速为每一名员工匹配出相应的年假天数。一般情况下，当遇到基于某些条件将数据划分成若干种结果这种情况时，很多用户习惯使用 IF 函数进行嵌套。

图 4-16　年假天数对照规则表

如果判断的条件过多，IF 函数需要嵌套的层级也就相应增多，无形中增加了函数出错的风险。其实，利用 VLOOKUP 函数模糊查找功能同样可以快速实现以上功能。

在 I2 单元格中输入下列公式，结果如图 4-17 所示。

```
=VLOOKUP(G2,$M $1:$N $9,2,1)
```

这里大家注意到 VLOOKUP 函数中最后一个参数为 1，相当于将查询类型指定为模糊。

I2　fx　=VLOOKUP(G2,$M$1:$N$9,2,1)

	F	G	H	I	J	K	L	M	N
1	加入公司日期	司龄1	司龄2	年假	合同截止日期		工龄	阶梯	年假天数
2	2004/4/12	18	18年5个月	18天	2004/4/11		不足5年	0	5天
3	2010/5/13	12	12年4个月	15天	2004/5/12		5-10年	5	10天
4	2019/4/14	3	3年5个月	5天	2004/4/13		10-15年	10	15天
5	2000/5/12	22	22年4个月	20天	2004/4/11		16年	16	16天
6	2008/5/20	14	14年4个月	15天	2004/5/19		17年	17	17天
7	2011/5/13	11	11年4个月	15天	2005/5/12		18年	18	18天
8	2002/3/8	20	20年6个月	20天	2006/3/7		19年	19	19天
9	2013/12/5	8	8年10个月	10天	2007/12/4		20年及以上	20	20天

图 4-17　年假天数计算公式

4.5 员工实际工作日的计算

在考勤管理的日常工作中除了对考勤数据标识以外，考勤数据的统计计算也是非常重要的。本节我们将重点讨论在考勤管理中有关工作时间、加班时间以及加班额外补贴等数据计算的方法。

4.5.1 统计考勤天数

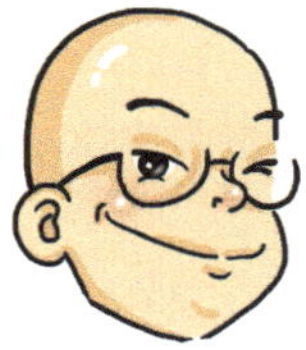

人力资源部在统计每一名员工考勤数据时，首先要计算出上一个考勤时间段内额定的考勤天数，有些公司以自然月的划分为一个完整的考勤周期，有些企业则按照月中的某一特定日期作为考勤周期（如上月 26 日到本月 25 日），要实现这一功能仅仅利用常用的日期函数来处理通常会比较复杂。

本节将介绍 Excel 提供的 NETWORKDAYS 函数来解决这一问题。NETWORKDAYS 函数可以计算某一指定日期范围内工作日的统计。

NETWORKDAYS 函数语法结构如下：

```
NETWORKDAYS(起始日期，结束日期，节假日列表)
```

如图 4-18 所示，公司完整的考勤周期从上月 26 日到当月的 25 日统计，C2

和 C3 单元格分别设置该考勤周期的起始时间与结束时间，此外需要在该考勤周期内扣除 B6：B7 这个区域内的法定假日，C9 单元格中的公式如下：

图 4-18　双休月度额定工作日计算

```
=NETWORKDAYS(C2,C3,B6:B7)
```

【知识拓展】

对于 NETWORKDAYS 函数，需要提醒大家注意以下两点：

① NETWORKDAYS 函数是以双休日自动扣除休假的，如果企业仍采用每周 5 天以外的其他工作制，该函数无法处理。

② NETWORKDAYS 遇到指定节假日与日历上的双休日重叠时，不会自动进行顺延，只按照指定的日期进行计算。

如果该企业每周额定 6 天工作日，我们只能借助其他函数通过数学逻辑进行公式嵌套来解决这一问题，同样基于上面的案例，在如图 4-19 所示的 C11 单元格中输入下述公式：

```
=INT(C3-C2+1-(C3-C2+1-MOD(C3-1,7))/7)-COUNT(B6:B7)
```

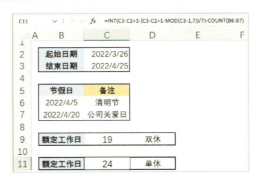

图 4-19　单休月度额定工作日计算

该公式的逻辑与前面我们在 6.1.4 小节中讨论的内容有类似之处，通过以计算考勤周期内完整星期出现的次数为基础，额外增加不完整星期中可能出现的星期日的次数，相加后即是所有休息日，再用考勤周期内的总天数扣除休息日后得到最终额定工作日。

4.5.2 统计加班时间

在本章以上章节中我们围绕考勤数据中的日期型数据进行了大量举例，有些企业通过员工打卡系统可以详细记录员工作息时间节点，包括上班时间、下班时间、加班时长等信息，人力资源伙伴会基于这些系统导出的明细时间类型数据进行后续的考勤统计，与日期型数据表示的年月日格式一样，时间型数据同样具有时分秒格式，同时 Excel 中也提供了一系列的时间函数辅助时间型数据的运算和处理。

下面我们来看一个实例，图 4-20 为某公司员工加班时间明细表格，E 列中以时间格式记录了每一名员工加班的时长，在 E17 单元格中我们计划汇总所有员工加班总时长，如果利用常规的求和公式 =SUM（E3：E16），将在 E17 单元格中得到 22：54 这个结果，显然这个结果存在问题，明细数据中加班总时长远远大于这个显示的结果，原因在于 Excel 会自动地把超过 24 小时的时间进位到天，而结果只显示了扣除整天以外剩余的时间部分。

	A	B	C	D	E
1					
2		部门	员工工号	员工姓名	加班时间
3		行政部	A001	马林	4:42
4		行政部	A002	刘鹏	6:33
5		行政部	A003	刘海龙	0:50
6		行政部	A004	杨丽	9:59
7		人事部	A005	赵媛媛	2:55
8		人事部	A006	王鑫	4:16
9		人事部	A007	徐静静	1:50
10		人事部	A008	张海军	8:53
11		人事部	A009	刘丽丽	3:18
12		财务部	A010	朱晨	9:23
13		财务部	A011	邓超	2:59
14		财务部	A012	吴思思	9:54
15		财务部	A013	李雪芹	1:44
16		财务部	A014	沈小旭	3:38
17				总计时长	22:54

图 4-20 加班时长汇总错误示意

解决这一问题的方法在于对汇总结果显示格式的调整，Excel 中的 TEXT 函数可以实现以指定的格式显示单元格的内容，将 E17 单元格中的公式调整如下：

```
=TEXT(SUM(E3:E16),"[h]:mm")
```

或者在设置单元格格式对话框中将 E17 单元格中的格式设置成如图 4-21 所示的内容“［h］：mm”，最终 E17 单元格将显示正确的结果为 70：54，“［h］”

这部分代码的意义是累计显示小时数。

图 4-21　时间汇总单元格格式设置

4.5.3　发放加班补贴

很多企业对于员工加班问题制订了一套完整的管理制度，发放加班补贴是公司对员工额外付出给予的一项福利，人力资源部门基于加班补贴的相关规定对考勤数据进行处理，以统计出公司为员工支付的补贴。

我们一起来看下面的例子，在如图 4-22 所示的考勤表格中记录了半年时间内（26 周）每名员工的加班状态，数据 1 代表该周时间内员工出现了加班情况，反之亦然。

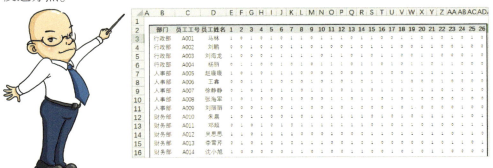

图 4-22　员工每周加班状态记录

公司加班补贴政策如图 4-23 所示，人力资源部门需要根据现有信息为每名员工计算出半年内的加班补贴金额。

标准	补贴
连续2周	每次500元
连续3周	每次800元
连续4周	每次1000元
连续5周及以上	每次1500元

图 4-23　加班补贴政策

这个案例中最为关键的问题在于如何根据考勤表中加班数据的状态分别统计出连续 N 周加班出现的频次。这里我们采取辅助数据与公式嵌套的方法去解决问题。

在数据的后面，创建一个与考勤表列数相同的辅助区域，如图 4-24 所示。在这个区域中，只标注连续加班时间段中第一个星期所在位置，并用连续加班的周数作为标识，其余位置全部设置为 0 值。判断每一个连续加班时间段的起始位置的条件，首先至少要满足对应考勤表中，当周加班状态为 1 且上一周加班状态为 0，所以用 OR 函数来排除所有不满足的条件。其次除了满足上述条件外，由于考勤政策中公司只为连续加班两周及以上的情况出现时发放补贴，因此还要考虑从标注加班的第一个星期所在位置开始后续连续出现的加班周数，我们是通过 SUM 函数、OFFSET 函数和 MATCH 函数的嵌套来实现的。如果连续的周数小于 2，说明只单独加班了一周，不予以考虑，否则计算连续的周数。AG3 单元格中的公式如下，并将其复制到辅助区域的每一个单元格中。

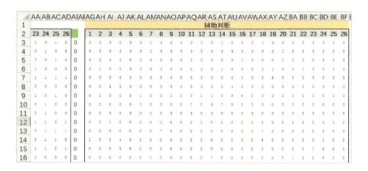

图 4-24　连续加班周数辅助统计表

```
=IF(IF(OR(E3=0,E3=D3),0,SUM(OFFSET(E3,0,0,1,MATCH(0,E3:$AE3,0))))<2,0,IF(OR(E3=0,E3=D3),0,SUM(OFFSET(E3,0,0,1,MATCH(0,E3:$AE3,0)))))
```

在辅助区域的后面基于图 4-24 中计算的结果，再次创建一个补贴发放区域，在这个区域中需要统计出连续加班不同周数的情景各自发生的频次，以及最终匹配的补贴金额，见图 4-25。这里用前面讨论过的 COUNTIF 函数来实现，BH2 单元格中的公式如下：

```
=COUNTIF($AG3:$BF3,BH$2)
```

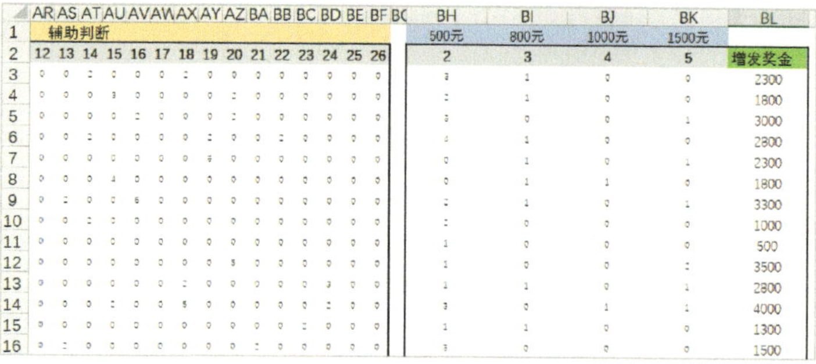

图 4-25 连续加班补贴计算表

BL3 单元格中是用每个连续不同星期加班情况出现的频次去乘以对应的额定奖金基数并求合，避免出现重复的数学运算的情形，我们使用了 SUMPRODUCT 函数，公式如下：

```
=SUMPRODUCT(BH3:BK3,$BH$1:$BK$1)
```

公式的含义等同于公式：

```
=BH3*BH1+BI3*BI1+BJ3*BJ1+BK3*BK1
```

在图 4-26 所示的考勤表格中，在 AE3 单元格中使用下列数组公式，可以快速计算出在当前考勤表时间段内连续加班最长出现的周数，这里借助 FREQUENCY 函数创建数组公式来实现。数组公式如下：

```
=MAX(FREQUENCY(IF(E3:AD3=1,COLUMN(E3:AD3)),IF(E3:AD3<>1,COLUMN(E3:AD3))))
```

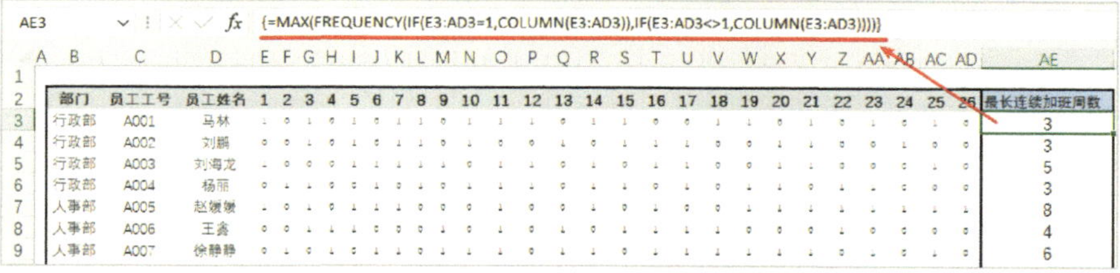

图 4-26 连续加班最长周数统计

FREQUENCY 函数用来计算数值在指定范围内出现的频率，语法格式为：

```
FREQUENCY(数据列表，区间列表)
```

在图 4-27 所示的例子中，基于成绩列按照档位对应等计算出每个档位的个数，可以在 D19：D22 区域中输入以下数组公式：

```
=FREQUENCY($B$14:$B$22,$D$14:$D$17)
```

图 4-27　FREQUENCY 函数应用

需要注意的是，数组公式一般需要按 **Ctrl+Shift+Enter** 快捷键确认，会在数组公式两侧自动添加一对大括号 {}，这对大括号手工输入是无效的。在 Office 365 版本中，数组公式可以不需要按这三键确认的。

第 5 章

「绩效与培训管理」

绩效管理和培训管理在人力资源的考核、选拔、晋升和发展方面都举足轻重。随着人力资源管理工作的深入，员工评价也出现了多种方法和模型。本章主要介绍绩效评价公式、绩效盘点、360 度评价表整理和制作智能培训时间表，知识结构思维导图见图 5-1。

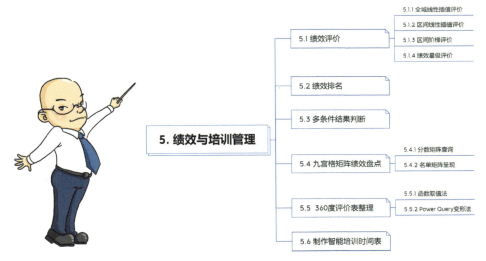

图 5-1　第 5 章知识结构思维导图

5.1 绩效评价

企业在年中年末之际，常常要对员工或部门做绩效考核。一般根据年初制定的目标和实际业绩，计算完成率并做评价。比如某企业对员工评价的关键绩效指标是任务完成率，需要根据完成率给出对应的评价分数，如图 5-2 所示。

本节笔者介绍用 Excel 函数实现**全域线性插值评价**、**区间线性插值评价**和**区间阶梯评价**。

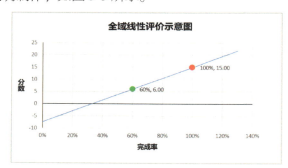

图 5-2　绩效评价分数表

5.1.1　全域线性插值评价

评价说明：

完成率 60%，计分 6 分；

完成率 100%，计分 15 分；

完成率在 60%~100% 按线性计算，共计 9 分，区间外按同比例计算。

根据评价说明制作，如图 5-3 所示。

图 5-3　全域线性评价示意图

因为是线性关系，可以使用公式直接计算，见图 5-4。

在 E2 单元格中输入公式：

图 5-4　全域线性评价计算 1

```
=6+(D2-0.6)/0.4*9
```

也可以使用 TREND 函数做插值计算，见图 5-5。

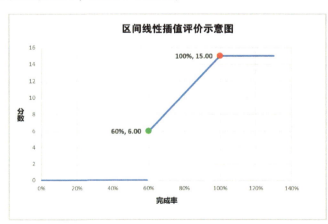

图 5-5　全域线性评价计算 2

TREND 函数的语法结构：

`TREND(Y值区间,X值区间,X计算值)`

数据区间用大括号 {} 括住，中间是分号，表示数组范围。当然也可以引用具体单元格数据。

在 E2 单元格中输入公式：

`=TREND({6;15},{0.6;1},D2)`

5.1.2　区间线性插值评价

评价说明：

完成率 60% 起评，6 分为起始分值，60%~100% 按线性计算，共计 9 分。低于 60%，按 0 分计算；高于 100%，按 15 分计算。

根据评价说明制作，如图 5-6 所示。

图 5-6　区间线性插值评价示意图

只有 60%～100% 是按线性插值计算，其他区间是固定值。

可以用 **IF** 嵌套函数计算，见图 5-7。

在 E2 单元格中输入公式：

```
=IF(D2<0.6,0,IF(D2>1,15,6+(D2-0.6)/0.4*9))
```

或者使用 IF+TREND 函数，见图 5-8。

在 E2 单元格中输入公式：

```
=IF(D2<0.6,0,IF(D2>1,15,TREND({6;15},{0.6;1},D2)))
```

姓名	目标值	完成值	完成率	分数
杨过	9000	7872	87.47%	12.18
小龙女	7000	8381	119.73%	15.00
郭靖	6000	3134	52.23%	0.00
黄蓉	8000	3788	47.35%	0.00
李莫愁	8000	7935	99.19%	14.82

图 5-7　区间线性插值计算 1

姓名	目标值	完成值	完成率	分数
杨过	9000	7872	87.47%	12.18
小龙女	7000	8381	119.73%	15.00
郭靖	6000	3134	52.23%	0.00
黄蓉	8000	3788	47.35%	0.00
李莫愁	8000	7935	99.19%	14.82

图 5-8　区间线性插值计算 2

TREND 函数常常根据历史数据做预测，有兴趣的读者可以深入研究。

5.1.3　区间阶梯评价

评价说明：

阶梯计算分值：

0≤完成率<60%，得 0 分；

60%≤完成率<70%，得 6 分；

70%≤完成率<80%，得 8 分；

80%≤完成率<90%，得 10 分；

90%≤完成率<100%，得 12 分；

完成率≥100%，得 15 分。

根据评价说明制作，如图 5-9 所示。

阶梯评价也是常用的评价方法，可以计算数值，也可以做 ABCD 等级评价。个人所得税的税率计算用的就是阶梯计算方法，一些企业销售佣金的计算也是采取这种方法。

因为区间较多，可以在一个区域范围，设置区间和对应分值。要注意区间升序排列，以及区间与分值的对应关系。

可以用 VLOOKUP 函数的模糊查找功能，如图 5-10 所示。

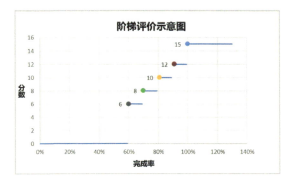

图 5-9　区间阶梯评价示意图

图 5-10　区间阶梯评价公式

在 E2 单元格中输入公式：

=VLOOKUP(D2,$G$2:$H$7,2,1)

通过前面介绍的三种方法，员工的绩效分值就可以计算出来了。

5.1.4　绩效星级评价

在绩效评价中，有时候要按星级进行评价，为了直观显示星级效果，推荐使用 REPT 函数，能够按照给定的次数重复显示文本符号，见图 5-11。

REPT 函数的语法结构如下：

- REPT(重复文本,重复次数)

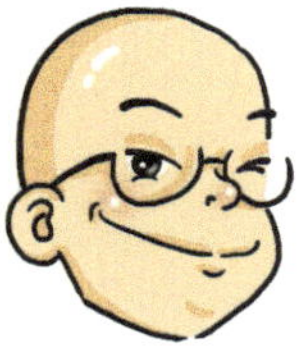

图 5-11　绩效星级评价

单元格 C2 用实心五角星"★"显示等级,在 C2 中输入公式:

=REPT("★",B2)

单元格 D2 用实心五角星"★"和空心五角星"☆"显示等级,见图 5-11。在 D2 中输入公式:

=REPT("★",B2)&REPT("☆",5-B2)

在财经类报纸杂志上,经常可以看到带有横道图的表格,使表格更直观,也不需要增加大的空间,见图 5-12。

公式中将五角星换成符号"|"或"■"即可,见图 5-13。

图 5-12　绩效评价显示 1　　　　　图 5-13　绩效评价显示 2

5.2 绩效排名

绩效评价分数结果计算出来后,将分值排名也是一种常用的方法,说到这里读者一定想到了上学时的考试排名。比如要求根据完成率实现自动排名,如图 5-14 所示。

图 5-14　绩效排名公式

数据排名不是排序,也不需要手工填写。在 Excel 软件中有一个计算排名的函数 RANK。

RANK 的语法结构如下:

RANK(计算数据,数据范围,升降序参数)

参数为 0 或者不填,是降序;其他数值是升序。

所以在 E2 单元格中输入公式：

```
=RANK(D2,$D $2:$D $6)
```

向下快速填充到 E 列其他单元格即可。需要说明的是，RANK 函数遇到重复数据，排名按“1，2，2，4”这种方式进行，不是中国式排名“1，2，2，3”的方式。

那么问题就来了：如何实现类似“1，2，2，3”的中国式排名呢？在 Office 365 中有一个去重复值的函数 UNIQUE，我们在这里可以使用两种方法。

方法 1：

使用 SUM+UNIQUE 函数组合，见图 5-15。

E2 =SUM((UNIQUE($D$2:$D$6)>=D2)*1)

姓名	目标值	完成值	完成率	排名
杨过	9000	7872	87.47%	3
小龙女	7000	8381	119.73%	1
郭靖	6000	6000	100.00%	2
黄蓉	8000	3788	47.35%	4
李莫愁	8000	8000	100.00%	2

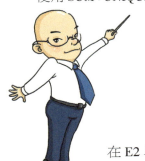

图 5-15　中国式排名计算公式 1

在 E2 单元格中输入公式：

```
=SUM((UNIQUE($D$2:$D$6)>=D2)*1)
```

方法 2：

使用 COUNT+UNIQUE+FILTER 函数组合，见图 5-16。

E2 =COUNT(UNIQUE(FILTER($D$2:$D$6,$D$2:$D$6>D2)))+1

姓名	目标值	完成值	完成率	排名
杨过	9000	7872	87.47%	3
小龙女	7000	8381	119.73%	1
郭靖	6000	6000	100.00%	2
黄蓉	8000	3788	47.35%	4
李莫愁	8000	8000	100.00%	2

图 5-16　中国式排名计算公式 2

在 E2 单元格中输入公式：

```
=COUNT(UNIQUE(FILTER($D $2:$D $6,$D $2:$D $6>D2)))+1
```

5.3 多条件结果判断

很多公司在年终评优评先或者发放年终奖时，会做很多条件的限制，常常使用的限制条件是入职时间和月度考核结果，下面我们来看一个案例。

【案例】

如图 5-17 所示，某公司制度规定，年终奖的发放，需满足以下条件：

任职大于半年。

1~12 月份月度考核结果不得有 E 档。

1~12 月份月度考核结果需有 A 档或 B 档。

问题：如何判断员工是否发放年终奖？

	A	B	C	D	E	F	G	H	I	J	K	L	M	N
1	姓名	在职时长（月）	1月	2月	3月	4月	5月	6月	7月	8月	9月	10月	11月	12月
2	杨过	24	D	E	E	C	C	A	C	A	B	E	E	E
3	小龙女	17	B	D	C	D	B	A	B	A	D	C	C	C
4	郭靖	13	A	D	A	C	D	B	A	D	D	A	C	B
5	黄蓉	7	C	A	B	E	A	B	A	C	C	E	B	B
6	李莫愁	4	D	A	C	C	C	B	A	D	A	B	D	C

图 5-17　月度考核表

条件统计可以用 COUNTIF 函数，条件判断可以用 IF 函数，公式见图 5-18。

	A	B	C	D	E	F	G	H	I	J	K	L	M	N	O
1	姓名	在职时长（月）	1月	2月	3月	4月	5月	6月	7月	8月	9月	10月	11月	12月	是否奖励
2	杨过	24	D	E	E	C	C	A	C	A	B	E	E	E	否
3	小龙女	17	B	D	C	D	B	A	B	A	D	C	C	C	是
4	郭靖	13	A	D	A	C	D	B	A	D	D	A	C	B	是
5	黄蓉	7	C	A	B	E	A	B	A	C	C	E	B	B	否
6	李莫愁	4	D	A	C	C	C	B	A	D	A	B	D	C	否

图 5-18　年终奖判断公式 1

在单元格 O2 中输入公式：

> =IF((B2>=6)*(COUNTIF(C2:N2,"E")=0)*(COUNTIF(C2:N2,"A")+COUNTIF(C2:N2,"B")),"是","否")

【公式解析】

IF：简单理解为"如果"。

IF（（B2>=6）：如果在职时间超过 6 个月。

COUNTIF(C2:N2,"E")=0)：在年度考核中无 E 档。

COUNTIF(C2:N2,"A")+COUNTIF(C2:N2,"B")：在年度考核中有 A 档或者 B 档。

综上所述，满足条件的判定结果为"是"，不符合判定为"否"。

【知识要点】

星号 *：相当于 AND，并且，多个条件同时满足。

加号 +：相当于 OR，或者，满足其中一个条件。

根据以上知识点，加入更多的条件，比如职级、年度出勤等，或 *，或+，让更多的 HR 在职场中游刃有余。

【知识拓展】

公式中的 COUNTIF（C2：N2," A"）+COUNTIF（C2：N2," B"）包含两个档，用加号"+"表示满足一个条件的数量，即 1~12 月获得"A"或"B"的总数量。如果条件比较多，用这种方法会有很多 COUNTIF 公式相加，其实可以用 SUM+COUNTIF 组合函数来简化公式，如图 5-19 所示。

图 5-19　年终奖判断公式 2

公式 COUNTIF（C2：N2," A"）+COUNTIF（C2：N2," B"）可以替换成 SUM（COUNTIF（C2：N2,{" A";" B"}），这个公式表示把"A"和"B"的数量统计后求和。

5.4　九宫格矩阵绩效盘点

在绩效管理方案中，经常会遇到矩阵评价，常见的有 2＊2 和 3＊3 矩阵。总有学员问矩阵查询统计的问题，有一定的代表性。今天笔者就以经典的 3＊3 九宫格矩阵为例，介绍涉及的函数。

5.4.1　分数矩阵查询

【案例】

如图 5-20 所示，员工综合评价，分为**业绩**和**能力**两个维度。业绩分为**优**、**中**和**差**三类，能力分为 **A**、**B**、**C** 三类，业绩和能力形成 3＊3 九宫格矩阵表，请按该表规则，为每位员工**匹配**对应的分值。

这涉及矩阵中行列交叉查询的问题，需要用到经典的 **INDEX+MATCH** 函数。

本例可以做出图 5-21 中展示的效果。

在 D1 单元格中输入公式：

=INDEX($H$2:$J$4,MATCH(B2,$G$2:$G$4,0),MATCH(C2,$H$1:$J$1,0))

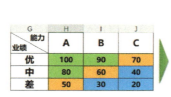

业绩＼能力	A	B	C
优	100	90	70
中	80	60	40
差	50	30	20

员工	业绩	能力	分数
陈鹏	优	B	
王卫平	中	B	
张晓寰	中	C	
杨宝春	优	A	
林海	优	B	
刘学燕	中	B	?
许东东	中	A	
王川	优	C	
连威	优	C	
艾芳	差	B	
王小明	优	B	
胡海涛	中	B	
庄凤仪	优	C	
沈奇峰	差	C	
沈克	中	B	

图 5-20　二维矩阵评价

D2 =INDEX($H$2:$J$4,MATCH(B2,$G$2:$G$4,0),MATCH(C2,$H$1:$J$1,0))

员工	业绩	能力	分数
陈鹏	优	B	90
王卫平	中	B	60
张晓寰	中	C	40
杨宝春	优	A	100

业绩＼能力	A	B	C
优	100	90	70
中	80	60	40
差	50	30	20

图 5-21　二维矩阵评价分数公式

第一个 MATCH 公式获得业绩对应的行数。

第二个 MATCH 公式获得能力对应的列数。

INDEX 函数根据计算的行数和列数从分数矩阵中做交叉取值。这样分数就快速匹配出来了，结果见图 5-22。

员工	业绩	能力	分数
陈鹏	优	B	90
王卫平	中	B	60
张晓寰	中	C	40
杨宝春	优	A	100
林海	优	B	90
刘学燕	中	B	60
许东东	中	A	80
王川	优	C	70
连威	优	C	70
艾芳	差	B	30
王小明	优	B	90
胡海涛	中	B	60
庄凤仪	优	C	70
沈奇峰	差	C	20
沈克	中	B	60

图 5-22　二维矩阵评价分数

5.4.2 名单矩阵呈现

还有这样的情况，根据每个人的业绩和能力评价结果，按九宫格进行人数统计或列出对应的名单，效果如图 5-23 所示。

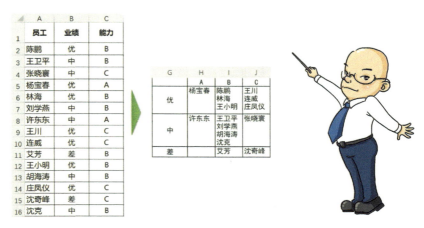

图 5-23　名单矩阵显示

关于九宫格人数统计，很简单，用数据透视表就可以快速汇总出来，见图 5-24。

图 5-24　九宫格人数统计

如何列出矩阵中对应的人员名单，是个难点。这里可以使用 Excel 365 最新的动态数组函数 FILTER。FILTER 函数可以实现一对多和多对多的查询。

图 5-25 是查询业绩为"优"的员工名单。

图 5-25　FILTER 函数一对多查询

在 H1 单元格中输入公式：

```
=FILTER(A2:A16,B2:B16=G2,"")
```

用数据验证将业绩做成下拉列表，可以动态展示 FILTER 的神奇效果。

要将人员名单放入一个单元格中，就要用到 Excel 365 中的 TEXTJOIN 和 FILTER 函数组合。TEXTJOIN 函数可以设置名单之间的分隔符号。

在 H1 单元格中输入公式：

```
=TEXTJOIN("、",,FILTER($A$2:$A$16,$B$2:$B$16=$G2,""))
```

见图 5-26 所示。

图 5-26　TEXTJOIN+FILTER 函数组合应用 1

这是一维查询，仅仅根据业绩的优、中、差来匹配人员名单。

矩阵中的二维匹配只需在 FILTER 中添加一个条件即可，两个条件用 *（星号）表示同时满足，见图 5-27。

图 5-27　TEXTJOIN+FILTER 函数组合应用 2

第 5 章
绩效与培训管理

在 H1 单元格中输入公式：

=TEXTJOIN("、",,FILTER($A$2:$A$16,($B$2:$B$16=$G2)*($C$2:$C$16=H$1),""))

很多人喜欢做成名单在单元格内换行的效果，需要对上面的公式进行改良。将分隔符号用 CHAR（10）替换即可，当然需要设置单元格为自动换行，见图 5-28。

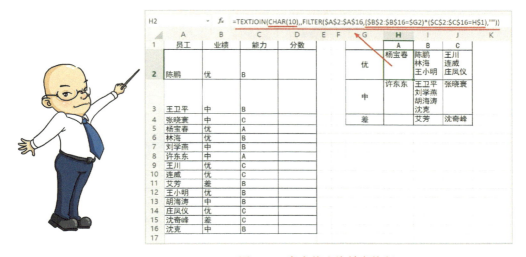

图 5-28　九宫格查询姓名换行

在 H2 单元格中输入公式：

=TEXTJOIN(CHAR(10),,FILTER($A$2:$A$16,($B$2:$B$16=$G2)*($C$2:$C$16=H$1),""))

所以九宫格矩阵查询统计常用的函数有：INDEX、MATCH、TEXTJOIN、FILTER、CHAR 等，赶紧试试吧！

5.5　360 度评价表整理

在绩效管理中，使用比较多的评价方法就是 360 度评价，其特点是评价维度多元化，适用于对中层及以上人员进行考核。360 度评价不同于自上而下，由上级主管评定下属的传统方式。

例如，公司的部分组织结构如图 5-29 所示。

这里要设计对主管级别及以上人员的评价表格，分别列出上级、同级和下级人员名单，见图 5-30。

图 5-29　公司组织结构示意图

这个表格是从被评价人的角度来整理的，看起来比较清晰，能够快速看出都有哪些人给被评价人打分。不过，也会遇到这样的问题，就是从评价人的角度看起来有点乱，比如要看人力资源部经理马宁都要给谁评价打分，就需要逐行检查核对，很不方便。

	A	B	C	D
1	被评价人	上级	同级	下级
2	王发	李凯	张桃，杨梦然	王重，马宁，李美丽
3	马宁	王发	王重，李美丽	刘菲菲，杨洋，苏武
4	杨洋	马宁	刘菲菲，苏武	刘紫，张春红，胡秋
5	刘菲菲	马宁	杨洋，苏武	刘强，于然
6	苏武	马宁	刘菲菲，杨洋	苏琪琪，崔丽丽，王红

图 5-30　360 度评价表

下面介绍两种方法，分别是函数取值法和 Power Query 变形法。

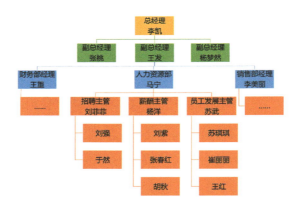

5.5.1 函数取值法

要查看人力资源部经理马宁都要给哪些人评价打分，解决思路是，判断上图中 B2：D6 区域是否包含“马宁”，如果包含就显示出 A2：A6 区域对应被评价人姓名。需要综合用到查询函数 FIND、数字判断函数 ISNUMBER、判断函数 IF 和文本连接函数 TEXTJOIN，如图 5-31 所示。

G2　fx　=TEXTJOIN("，",,IF(ISNUMBER(FIND(F2,$B$2:$D$6)),$A$2:$A$6,""))

	A	B	C	D	E	F	G
1	被评价人	上级	同级	下级		评价人	被评价人
2	王发	李凯	张桃，杨梦然	王重，马宁，李美丽		马宁	王发，杨洋，刘菲菲，苏武
3	马宁	王发	王重，李美丽	刘菲菲，杨洋，苏武		于然	刘菲菲
4	杨洋	马宁	刘菲菲，苏武	刘紫，张春红，胡秋		刘强	刘菲菲
5	刘菲菲	马宁	杨洋，苏武	刘强，于然		刘紫	杨洋
6	苏武	马宁	刘菲菲，杨洋	苏琪琪，崔丽丽，王红		刘菲菲	马宁，杨洋，苏武
7						崔丽丽	苏武
8						张春红	杨洋

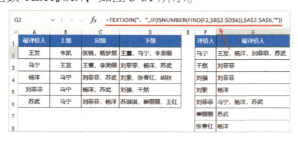

图 5-31　用函数查看评价人的评价对象

在 G2 单元格中输入公式：

```
=TEXTJOIN(",",,IF(ISNUMBER(FIND(F2,$B$2:$D$6)),$A$2:$A$6,""))
```

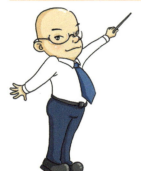

【公式解析】

FIND(F2, $B$2: $D$6)，查找 B2: D6 区域中“马宁”的起始位置，如果找到就返回对应单元格中文本的起始字符数，否则返回错误值，如图 5-32 所示。

#VALUE!	#VALUE!	4
#VALUE!	#VALUE!	#VALUE!
1	#VALUE!	#VALUE!
1	#VALUE!	#VALUE!
1	#VALUE!	#VALUE!

图 5-32　FIND 函数查找结果示意

ISNUMBER(FIND(F2, $B$2: $D$6))，判断查询结果是否为数字，分别返回“TRUE”和“FALSE”，如图 5-33 所示。

FALSE	FALSE	TRUE
FALSE	FALSE	FALSE
TRUE	FALSE	FALSE
TRUE	FALSE	FALSE
TRUE	FALSE	FALSE

图 5-33　ISNUMBER 函数判断结果示意

IF(ISNUMBER(FIND(F2, $B$2: $D$6)), $A$2: $A$6,"")，根据上述结果做逻辑判断，如果为“TRUE”返回对应评价人姓名，如果为“FALSE”返回空值，见图 5-34。

		王发
杨洋		
刘菲菲		
苏武		

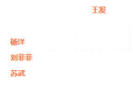

图 5-34　评价人列表示意

TEXTJOIN 函数，将上述被评价人命名用逗号“,”连接，并显示在同一单元格中。

【知识要点】

ISNUMBER+FIND 组合函数，经常用于判断单元格中是否包含特定文本。本例还应用了 Office 365 中的动态数组溢出功能。

5.5.2　Power Query 变形法

如果不用函数，可以用 Power Query 编辑器中的【分列到行】和【逆透视】功能，对评价表格进行快速变形，适合 2019 和 365 版本。

步骤 1：将数据导入 Power Query 编辑器，见图 5-35。

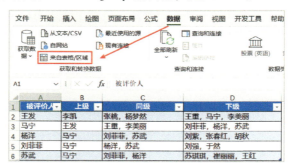

图 5-35　将数据导入 Power Query 编辑器

步骤 2：分列到行。

分别选择"同级"和"下级"所在列，选择【拆分列】-【按分隔符】，见图 5-36。

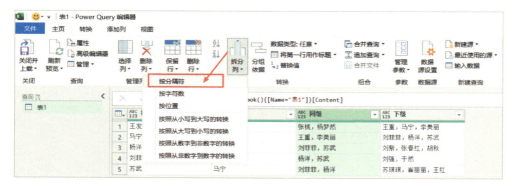

图 5-36　按分隔符拆分列

输入自定义符号"，"，高级选项拆分为"行"，这一步很关键，详细操作见图 5-37。

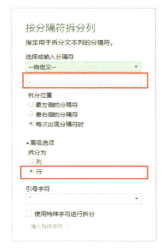

图 5-37 拆分为“行”

结果立刻呈现，将之前用逗号“,”连接姓名的合并单元格都变成了清单型列表，见图 5-38。

	被评价人	上级	同级	下级
1	王发	李凯	张桃	王重
2	王发	李凯	张桃	马宁
3	王发	李凯	张桃	李美丽
4	王发	李凯	杨梦然	王重
5	王发	李凯	杨梦然	马宁
6	王发	李凯	杨梦然	李美丽
7	马宁	王发	王重	刘菲菲
8	马宁	王发	王重	杨洋
9	马宁	王发	王重	苏武
10	马宁	王发	李美丽	刘菲菲
11	马宁	王发	李美丽	杨洋
12	马宁	王发	李美丽	苏武
13	杨洋	马宁	刘菲菲	刘紫
14	杨洋	马宁	刘菲菲	张春红
15	杨洋	马宁	刘菲菲	胡秋
16	杨洋	马宁	苏武	刘紫
17	杨洋	马宁	苏武	张春红
18	杨洋	马宁	苏武	胡秋
19	刘菲菲	马宁	杨洋	刘强
20	刘菲菲	马宁	杨洋	于然
21	刘菲菲	马宁	苏武	刘强
22	刘菲菲	马宁	苏武	于然
23	苏武	马宁	刘菲菲	苏琪琪
24	苏武	马宁	刘菲菲	崔丽丽
25	苏武	马宁	刘菲菲	王红
26	苏武	马宁	杨洋	苏琪琪
27	苏武	马宁	杨洋	崔丽丽
28	苏武	马宁	杨洋	王红

图 5-38 360 度评价表拆分结果

步骤 3：逆透视。

选择"被评价人"所在列，再选择【转换】-【逆透视列】-【逆透视其他列】，二维表就变成了一维表格，见图 5-39。

图 5-39　逆透视

因为同级和下级都进行了分列到行，所以会存在重复项的现象，见图 5-40，需要删除重复项。

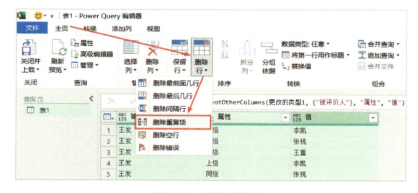

图 5-40　出现重复项

步骤 4：删除重复项。

选择所有列，选择【主页】-【删除行】-【删除重复项】，见图 5-41。

图 5-41　删除重复项

调整列的名称和顺序，可以看到，原来 84 行的数据表格变成了 29 行，结果见图 5-42。

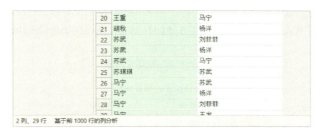

图 5-42　删除重复项结构示意

步骤 5：关闭并上载。

将数据表上载到 Excel 工作表中，见图 5-43。也可以看出，马宁要评价的人员有杨洋、刘菲菲、苏武、王发 4 人。

图 5-43　将查询结果上载到 Excel 表

5.6　制作智能培训时间表

之前听到某企业培训总监抱怨，现在会议和培训太多了，每天做会议和培训日程表很头疼。笔者了解到她是用 Word 做的表格，经常遇到会议开始时间或嘉宾演讲时长的变化。每次变化都要把时间从头改到尾，而且要保证时间衔接，出错也是在所难免。笔者建议她用 Excel 根据时间自动生成日程表，再复制到 Word 中。先看下图 5-44 中 Word 版本的培训时间安排表样式。

XXX 企业培训时间安排表

培训时间：2022 年 10 月 10 日—10 月 16 日

培训对象	时 间	培训内容
管理人员	09:00-09:30	签到
	09:30-09:40	领导讲话
	09:40-10:00	观看宣传视频
	10:00-10:50	培训课程讲解
	10:50-11:00	休息
	11:00-12:00	培训课程讲解
运营人员	14:00-14:30	签到
	14:30-14:40	领导讲话
	14:40-15:00	观看宣传视频
	15:00-15:50	培训课程讲解
	15:50-16:00	休息
	16:00-17:00	培训课程讲解

图 5-44　培训时间安排表示意

如果下午开始时间变为 13：30，那么下午所有的时间安排都要重新调整，或者领导讲话时间由 10 分钟改成 20 分钟，那么全天的安排也要全部调整。

图 5-45 是笔者用 Excel 制作的能够根据开始和时长自动更新的培训时间表，并且能够做到无缝衔接。

	A	B	C	D	E	F	G	H	I
1	时长列表		项目	开始	时长	结束		项目	起止时间
2	0:10		签到	9:00	0:30	9:30		签到	09:00---09:30
3	0:20		领导讲话	9:30	0:10	9:40		领导讲话	09:30---09:40
4	0:30		观看宣传视频	9:40	0:20	10:00		观看宣传视频	09:40---10:00
5	0:40		培训课程讲解	10:00	0:50	10:50		培训课程讲解	10:00---10:50
6	0:50		休息	10:50	0:10	11:00		休息	10:50---11:00
7	1:00		培训课程讲解	11:00	1:00	12:00		培训课程讲解	11:00---12:00

图 5-45　智能培训时间表

主要准备工作：

在 A2：A7 区域，设计时长列表；

在 E2：E7 区域，用数据验证制作下拉列表，可以选择对应的时长。

输入公式：

结束与开始时间：F2＝D2+E2，D3＝F2 ……

起止时间：

I2＝TEXT（D2,"hh：mm"）&"---"&TEXT（F2,"hh：mm"），表示只显示小时和分钟，用"---"符号连接。

项目名称：H2＝C2，……

将 D2 单元格改成 13：00，即可快速显示出下午调整后的时间安排，见图 5-46。

项目	开始	时长	结束	项目	起止时间
签到	13:30	0:30	14:00	签到	13:30---14:00
领导讲话	14:00	0:10	14:10	领导讲话	14:00---14:10
观看宣传视频	14:10	0:20	14:30	观看宣传视频	14:10---14:30
培训课程讲解	14:30	0:50	15:20	培训课程讲解	14:30---15:20
休息	15:20	0:10	15:30	休息	15:20---15:30
培训课程讲解	15:30	1:00	16:30	培训课程讲解	15:30---16:30

图 5-46　修改开始时间的培训时间表

将领导讲话由 10 分钟改成 20 分钟，E3 单元格改成 0：20，就显示出图 5-47 的效果。如果需要 Word 版本，只需把 H 列和 I 列内容复制过去即可。

项目	开始	时长	结束	项目	起止时间
签到	13:30	0:30	14:00	签到	13:30---14:00
领导讲话	14:00	0:20	14:20	领导讲话	14:00---14:20
观看宣传视频	14:20	0:20	14:40	观看宣传视频	14:20---14:40
培训课程讲解	14:40	0:50	15:30	培训课程讲解	14:40---15:30
休息	15:30	0:10	15:40	休息	15:30---15:40
培训课程讲解	15:40	1:00	16:40	培训课程讲解	15:40---16:40

图 5-47　修改时长的培训时间表

第 6 章

「薪酬管理」

薪酬管理是人力资源管理的核心模块，涉及众多的薪资数据核算和统计报表。本章主要介绍薪酬计算、调薪方案、工资条制作、薪酬宽带图表和薪酬汇总分析等内容，知识结构思维导图见图 6-1。

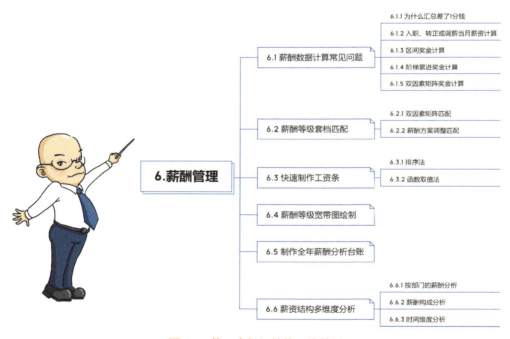

图 6-1　第 6 章知识结构思维导图

6.1 薪酬数据计算常见问题

薪酬数据计算出现的问题比较多，本节主要介绍四舍五入、调薪月和绩效奖金等方面的计算方法。

6.1.1 为什么汇总差了 1 分钱

在做薪酬数据汇总时，经常会听到有人抱怨，"仅仅是 1 分钱的差异，却让我检查了好久，怎样看也没看出错误在哪里"。其实，有时候真的不是我们的错误，因为 Excel 中的单元格数据显示值与实际值不一样。

以工资计算为例，如图 6-2 所示，某公司工资表中，按出勤天数计算出勤工资，当月工作日假设为 22 天，无其他法定节假日。D2 单元格公式为：
=B2/21.75*C2*(21.75/22)

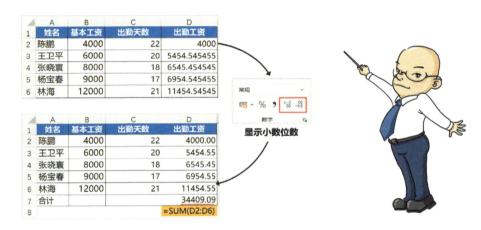

图 6-2 显示小数位数

计算的结果经常出现循环小数，很多人就用下图的方法来四舍五入。

读者可能也发现了，汇总每个员工工资总额 D7 单元格数值与单元格 D2 至 D6 工资数值之和少了 1 分钱，这是困扰很多薪酬统计伙伴的问题，有什么办法让合计金额计算正确吗？

其实上图采取的方法是"表里不一"的四舍五入，只是显示不同的小数位数，例如王卫平的工资额为：6000/22*20=5454.54545454545，并非显示的 5454.55 元，从而造成求和运算的差额。真正的四舍五入应该用 ROUND 函数，ROUND 函数的语法结构如下：

ROUND（数值，保留小数位数）

如图 6-3 所示，在 D2 单元格中输入公式：

=ROUND(B2/21.75*C2*(21.75/22),2)

对每个人的出勤工资按"四舍五入"保留 2 位小数，则 D7 单元格 SUM 函数求和可得到正确结果。

	A	B	C	D
1	姓名	基本工资	出勤天数	出勤工资
2	陈鹏	4000	22	4000.00
3	王卫平	6000	20	5454.55
4	张晓寰	8000	18	6545.45
5	杨宝春	9000	17	6954.55
6	林海	12000	21	11454.55
7	合计			34409.10
8				=SUM(D2:D6)

D2 单元格公式：=ROUND(B2/21.75*C2*(21.75/22),2)

图 6-3　用 ROUND 函数四舍五入

【知识拓展】

工资计算，总是绕不开一个数字——21.75。这个神奇的数字来源于一个年度中，扣除双休日和法定假日，月平均计薪天数就是 261÷12 月 = 21.75 天。但实际上，每月的实际计薪天数并不是 21.75。21.75 仅是一个平均数的概念。

人力资源伙伴在工作中有依据出勤天数计算工资的"正算法"，也有依据缺勤天数计算的"反算法"。但这都是建立在对 21.75 错误的理解上。关于正算法和反算法，一直以来大家都比较困惑：到底什么时候用正算法，什么时候用反算法？首先说明一点，无论是正算法还是反算法，都是合法的。

正确的算法：

正算法：工资 = 月薪÷21.75×月出勤天数×（出勤天数比例）

反算法：工资 = 月薪 – 月薪÷21.75× 缺勤天数×（出勤天数比例）

月计薪天数 =（月出勤天数 + 法定节假日天数）

出勤天数比例 = 21.75÷（当月应出勤天数+法定节假日天数）

为了方便各位理解，再举一个例子：

案例一：某员工月薪 4800 元，7 月份有 23 个工作日，员工缺勤 1 天，出勤是 22 天，本月月薪是多少？

正算法：4800÷21.75×22×（21.75÷23）= 4591.30 元

反算法：4800-4800÷21.75×1×（21.75÷23）= 4591.30 元

案例二：某员工月薪 4800 元，5 月份有 21 个工作日，5.1 为法定节假日，员工缺勤 1 天，出勤是 20 天，本月月薪是多少？

正算法：4800÷21.75×(20+1)×（21.75÷(21+1)）= 4581.82 元

反算法：4800-4800÷21.75×1×（21.75÷(21+1)）= 4581.82 元

6.1.2 入职、转正或调薪当月薪资计算

在薪酬计算过程中，还会遇到员工入职、转正或者调薪当月工资计算问题。我们先看以下几个例子。

例1：某员工2021年11月10日入职，试用期薪资是每月8000元，入职当月应付薪资是多少？

例2：某员工试用期薪资是8000元，2022年3月10日转正，转正当月应付薪资是多少？

解决以上薪资计算问题，需要综合运用EOMONTH和NETWORKDAYS函数，例1公式见图6-4。

	A	B	C
1	入职日期	2021/11/10	
2	入职当月在职工作日天数	15	=NETWORKDAYS(B1,EOMONTH(B1,0))
3	入职当月工作日总天数	22	=NETWORKDAYS(EOMONTH(B1,-1)+1,EOMONTH(B1,0))
4	入职当月工作占比	68.18%	=B2/B3
5	试用期薪资	8000	
6	入职当月薪资	5454.55	=ROUND(B5*B4,2)

图6-4　入职当月薪资计算公式

```
B2=NETWORKDAYS(B1,EOMONTH(B1,0))
```

EOMONTH函数计算入职当月的最后一天，用NETWORKDAYS函数计算入职当月在职工作日天数，要注意的是NETWORKDAYS计算工作日天数时，会包含开始日期和结束日期。

```
C2=NETWORKDAYS(EOMONTH(B1,-1)+1,EOMONTH(B1,0))
```

EOMONTH（B1，-1）计算入职上个月的最后一天，EOMONTH（B1，-1）+1计算入职当月的第一天，用NETWORKDAYS函数计算入职当月工作日总天数。

这样入职当月的薪资可以根据入职当月在职工作日天数占比和试用期薪资计算出来，是5818.18元，注意B6单元格要用到ROUND函数。

例2的计算公式见图6-5。

	A	B	C
1	转正日期	2022/3/10	
2	当月试用工作日天数	7	=NETWORKDAYS(EOMONTH(B1,-1)+1,B1-1)
3	当月转正工作日天数	16	=NETWORKDAYS(B1,EOMONTH(B1,0))
4	当月工作日总天数	23	=NETWORKDAYS(EOMONTH(B1,-1)+1,EOMONTH(B1,0))
5	试用期薪资	8000	
6	转正薪资	12000.00	
7	转正当月应发薪资	10782.61	=ROUND(B5*B2/B4+B6*B3/B4,2)

图6-5　转正当月薪资计算公式

解决思路就是分别计算转正当月试用工作日和转正工作日天数，按照对应的比例计算转正当月应发薪资。

```
B2 =NETWORKDAYS(EOMONTH(B1,-1)+1,B1-1)
B3=NETWORKDAYS(B1,EOMONTH(B1,0))
B4=NETWORKDAYS(EOMONTH(B1,-1)+1,EOMONTH(B1,0))
B6=ROUND(B5*B2/B4+B6*B3/B4,2)
```

6.1.3 区间奖金计算

在计算奖金提成时，我们会遇到不同的业绩或分数区间，采取不同的奖金比例。就拿销售佣金计算为例，销售政策上的表格如表 6-1 所示。

表 6-1　销售奖金政策

销　售　额	奖金提成比例
超过 5000 元小于 1 万元	3%
1 万元（含）~3 万元	4%
3 万元（含）~5 万元	5%
5 万元（含）~7 万元	6%
7 万元（含）~10 万元	7%
10 万元及以上	8%

这里只考虑直接按销售额和奖金比例相匹配，比如销售额为 12 万元，对应的奖金提成比例就是 8%，奖金提成金额计算公式为：

=120000*8%

即 9600 元，这里不考虑阶梯奖励，阶梯奖励的计算方法见下节内容。需要在 Excel 中设计一个奖金规则表，如表 6-2 所示。

表 6-2　销售奖金规则表

销售额区间	奖金比例
0	0%
5000	3%
10000	4%
30000	5%
50000	6%
70000	7%
100000	8%

这样，可以用 VLOOKUP 函数的模糊查找功能，根据销售额自动查找对应的奖金提成比例，见图 6-6。

姓名	销售额	奖金提成比例	奖金		销售额区间	奖金提成比例
陈鹏	54265	6%	3255.90		0	0%
王卫平	122846	8%	9827.68		5000	3%
张晓寰	128130	8%	10250.40		10000	4%
杨宝春	18473	4%	738.92		30000	5%
林海	99506	7%	6965.42		50000	6%
					70000	7%
					100000	8%

图 6-6　用 VLOOKUP 实现模糊查找

在单元格 C2 中输入公式：

```
=VLOOKUP(B2,$F$2:$G$8,2,1)
```

在使用 VLOOKUP 函数的模糊查找时，要注意以下三点：
- 最后一个参数要用"1"，表示模糊匹配；
- 查找规则中的区间数据要升序排列；
- 匹配原则是"就高不就低"，即区间数据临界点是前闭后开，比如 5% 对应区间是 [10000，30000），表示大于等于 10000，小于 30000。

6.1.4　阶梯累进奖金计算

很多时候，我们会遇到要按照**阶梯累进计算**的场景。比如个人所得税、阶梯水电费、阶梯天然气费用……如果销售奖金提成也按累进奖金计算，那么应该怎样做？

还以上节表格为例，一位销售员当月的销售额是 12 万元，请问他的销售奖金提成应该是多少？还是 9600 元吗？阶梯累进奖金计算就不会这么简单。阶梯累进制的计算方式，应该先将总的销售额分解，分到每一个级别中先算出各级别应得的提成奖金，然后累加：

第 1 阶：5000 以内的奖金提成为 0 元。
第 2 阶：5000 * 3% = 150 元。
第 3 阶：20000 * 4% = 800 元。
第 4 阶：20000 * 5% = 1000 元。
第 5 阶：20000 * 6% = 1200 元。
第 6 阶：30000 * 7% = 2100 元。
第 7 阶：20000 * 8% = 1600 元。
该销售员的奖金提成总计为：

150+800+1000+1200+2100+1600=6850 元

如果每位销售员的奖金提成都要这样计算，那么就非常烦琐了。我们可以设计奖金提成对照表，利用 Excel 的函数公式轻松完成批量计算。累进计算各个级别的奖金，按常规思路，可以用 IF 函数来判断对应的级别，并逐个分层计算，但是公式会超级复杂。

这个时候，我们需要借用一下个人所得税的算法，先算出速算扣除数。每个级别的速算扣除数计算公式为：

速算扣除数=本级临界值 * (本级比例−上级比例)+上级扣除数

第 1 个速算扣除数为 0，即 H2 单元格中输入“0”，H3 单元格中输入公式：

```
=F3*(G3-G2)+H2
```

结果是 150，公式向下填充，将每个级别的速算扣除数计算出来，如图 6-7 所示。

H3 =F3*(G3-G2)+H2

	F	G	H
1	销售额区间	阶梯奖金提成比例	速算扣除数
2	0	0%	0
3	5000	3%	150
4	10000	4%	250
5	30000	5%	550
6	50000	6%	1050
7	70000	7%	1750
8	100000	8%	2750

图 6-7 阶梯累进奖金速算扣除数

阶梯累进奖金=销售额 *阶梯奖金提成比例−速算扣除数

前面例子中销售员的销售额是 12 万元，那么阶梯累进奖金

=120000 * 8%−2750

=6850

结果也是 6850 元，和之前的算法结果一致。这样可以快速计算出对应的所有销售人员的奖金提成，见图 6-8。

	A	B	C	D	E	F	G	H	I
1	姓名	销售额	奖金提成比例	速算扣除数	奖金		销售额区间	阶梯奖金提成比例	速算扣除数
2	陈鹏	54265	6%	1050	2205.90		0	0%	0
3	王卫平	122846	8%	2750	7077.68		5000	3%	150
4	张晓寰	128130	8%	2750	7500.40		10000	4%	250
5	杨宝春	18473	4%	250	488.92		30000	5%	550
6	林海	99506	7%	1750	5215.42		50000	6%	1050
7							70000	7%	1750
8							100000	8%	2750
9									
10									
11									

C2=VLOOKUP(B2,$G$2:$H$8,2,1)
D2=VLOOKUP(B2,$G$2:$I$8,3,1)
E2=B2*C2-D2

图 6-8 阶梯累进奖金计算公式

在单元格 C2 中输入公式：

=VLOOKUP(B2,$G$2:$H$8,2,1)

在单元格 D2 中输入公式：

=VLOOKUP(B2,$G$2:$I$8,3,1)

在单元格 E2 中输入公式：

=B2*C2-D2

可以看出，相同的奖金提成比例的前提下，阶梯累进制的奖金提成要少。

6.1.5 双因素矩阵奖金计算

还有一种奖金提成制度，是按两个因素综合分析的，比如根据销售额和毛利率两个维度，因为公司一手抓销售额，一手抓毛利率。根据公司销售制度，奖金提成比例按表 6-3 双因素奖金对照矩阵计算。

表 6-3 双因素奖金对照矩阵

销售额 毛利率	小于 3 万	大于等于 3 万 小于 5 万	大于等于 5 万 小于 10 万	大于等于 10 万
小于 8%	3%	4%	5%	6%
大于等于 8% 小于 12%	4%	5%	6%	7%
大于等于 12% 小于 15%	5%	6%	7%	8%
大于等于 15%	6%	7%	8%	9%

本月销售部门某团队的销售额和对应毛利率表如图 6-9 所示，如何计算每个人的奖金呢？

	A	B	C	D	E
1	姓名	销售额	毛利率	奖金提成比例	奖金
2	陈鹏	54265	6.60%		
3	王卫平	122846	3.20%		
4	张晓寰	128130	10.00%		
5	杨宝春	18473	9.40%		
6	林海	99506	15.30%		

图 6-9 双因素奖金计算表 1

对于矩阵型的规则对照表，查询匹配时要用到 INDEX+MATCH 函数组合，如图 6-10 所示。

图 6-10　双因素奖金计算表 2

在 D2 单元格中输入公式：

=INDEX（＄H＄2：＄K＄5，MATCH（C2，＄G＄2：＄G＄5，1），MATCH（B2，＄H＄1：＄K＄1，1））

公式说明：

- MATCH（C2，＄G＄2：＄G＄5，1）判断毛利率列表 C2：G5 中不大于毛利率 C2 的序数，本例中是 0 在列表中的序数为 **1**；
- MATCH（B2，＄H＄1：＄K＄1，1）判断销售额列表 H1：K1 中不大于销售额 B2 的序数，本例中是 50000 在列表中的序数为 **3**；
- INDEX 函数表示在 H2：K5 范围中，获取**第 1 行第 3 列**的数据，本例为 5%。

INDEX+MATCH 组合函数示意图如图 6-11 所示。

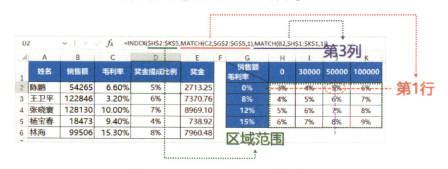

图 6-11　INDEX+MATCH 函数示意图

6.2　薪酬等级套档匹配

员工薪酬调整会存在如何匹配薪级和薪档的问题，本节主要介绍双因素矩阵匹配和薪酬方案调整匹配两种套档方法，主要用到 INDEX 函数和 MATCH 函数的组合应用。

6.2.1 双因素矩阵匹配

薪酬方案设计有多种方法，应用比较多的就是宽带薪酬，包含不同的薪酬等级和薪档，如图 6-12 所示。

薪档/薪级	1档	2档	3档
1级	12000	13000	14000
2级	13000	14000	15000
3级	15000	16000	17000
4级	17000	19000	21000
5级	20000	22000	24000
6级	22000	24000	26000
7级	24000	26000	28000
8级	26000	28000	30000
9级	29000	32000	35000
10级	32000	35000	38000
11级	35000	38000	41000
12级	40000	45000	50000

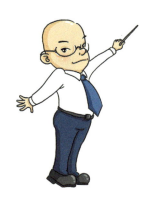

图 6-12　宽带薪酬等级表

所有员工根据不同的条件确定对应的薪级和新档，可以按照前一节讲到的双因素矩阵奖金的计算方法进行匹配，如图 6-13 所示。

I2　=INDEX($B$2:$D$13,MATCH(G2,$A$2:$A$13,0),MATCH(H2,$B$1:$D$1,0))

薪档/薪级	1档	2档	3档
1级	12000	13000	14000
2级	13000	14000	15000
3级	15000	16000	17000
4级	17000	19000	21000
5级	20000	22000	24000
6级	22000	24000	26000
7级	24000	26000	28000
8级	26000	28000	30000
9级	29000	32000	35000
10级	32000	35000	38000
11级	35000	38000	41000
12级	40000	45000	50000

姓名	薪级	薪档	薪酬标准
陈鹏	3级	1档	15000
王卫平	5级	3档	24000
张晓寰	10级	3档	38000
杨宝春	6级	2档	24000
林海	2级	1档	13000

图 6-13　双因素薪酬套档

在 I1 单元格中输入公式：

```
=INDEX($B$2:$D$13,MATCH(G2,$A$2:$A$13,0),MATCH(H2,$B $1:$D$1,0))
```

6.2.2 薪酬方案调整匹配

如果设计了新的薪酬方案，要套用在现有员工上，怎样根据现有的薪酬数据套上方案中的薪酬等级呢？本例只取薪酬等级表中的 1 档数据，如图 6-14 所示。

图 6-14　套用薪酬等级表 1

其实，很多企业或咨询公司在套用新方案的时候，为了不打击员工的积极性，采取"就高不就低"的原则。比如王卫平的 17500，在新方案中没有 17500，其位于 4 级 17000 和 5 级 20000 之间，按照"就高不就低"的原则，王卫平的薪级应该是 5 级。

如果要给所有员工都套用新方案中的薪级，应该怎样解决呢？这还要用到 INDEX+MATCH 组合函数，如图 6-15 所示。

图 6-15　套用薪酬等级表 2

首先要对薪级表进行调整，插入一行，在 B2 中输入 0。
在 F1 单元格中输入公式：

```
=INDEX($A$2:$A$14,MATCH(E2,$B$2:$B$14,1)+1)
```

MATCH（E2，$B$2：$B$14，1）获取薪酬等级表中不大于 10285 的序数，即获取 0 的排列顺序 1。按照"就高不就低"的原则，将顺序+1。INDEX 函数表示从薪酬等级表中获取第 2 个单元格的内容，即"1 级"。

这个组合公式要注意以下三点：
（1）公式中要用符号 $ 固定区域；

（2）MATCH 函数最后一个参数是 1；

（3）薪酬等级表的数据升序排列。

6.3 快速制作工资条

薪酬计算好了，在有的企业需要制作成工资条发放给员工。制作工资条的方法很多，在这里介绍两种方法：排序法和函数取值法。本例中的工资表如图 6-16 所示。

	A	B	C	D	E	F	G	H	I
1	姓名	基本工资	岗位工资	绩效工资	工龄补贴	社会保险	住房公积金	个人所得税	实发工资
2	赵军	11350.00	4540.00	6810.00	240.00	1609.30	689.70	1040.10	19600.90
3	孙林	12700.00	5080.00	7620.00	400.00	1016.40	435.60	1494.80	22853.20
4	郑建杰	9200.00	3680.00	5520.00	400.00	762.30	326.70	931.10	16779.90
5	李芳	13500.00	5400.00	8100.00	800.00	1863.40	798.60	1633.80	23504.20
6	张雪眉	3850.00	1540.00	2310.00	480.00	1439.90	617.10	0.00	6123.00

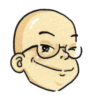

图 6-16　工资表

6.3.1 排序法

将表格整理成如图 6-17 所示，按人数复制标题行，在下方按人数准备空行。在最右侧设置对应的序号。

	A	B	C	D	E	F	G	H	I	J
1	姓名	基本工资	岗位工资	绩效工资	工龄补贴	社会保险	住房公积金	个人所得税	实发工资	1.0
2	姓名	基本工资	岗位工资	绩效工资	工龄补贴	社会保险	住房公积金	个人所得税	实发工资	2.0
3	姓名	基本工资	岗位工资	绩效工资	工龄补贴	社会保险	住房公积金	个人所得税	实发工资	3.0
4	姓名	基本工资	岗位工资	绩效工资	工龄补贴	社会保险	住房公积金	个人所得税	实发工资	4.0
5	姓名	基本工资	岗位工资	绩效工资	工龄补贴	社会保险	住房公积金	个人所得税	实发工资	5.0
6	赵军	11350.00	4540.00	6810.00	240.00	1609.30	689.70	1040.10	19600.90	1.1
7	孙林	12700.00	5080.00	7620.00	400.00	1016.40	435.60	1494.80	22853.20	2.1
8	郑建杰	9200.00	3680.00	5520.00	400.00	762.30	326.70	931.10	16779.90	3.1
9	李芳	13500.00	5400.00	8100.00	800.00	1863.40	798.60	1633.80	23504.20	4.1
10	张雪眉	3850.00	1540.00	2310.00	480.00	1439.90	617.10	0.00	6123.00	5.1
11										1.2
12										2.2
13										3.2
14										4.2
15										5.2

图 6-17　用排序法制作工资条 1

对最后一列填充的序列进行升序排序，如图 6-18 所示。

工资条的雏形已经出来了，最右侧排序的编号可以删除了。可能读者会发现工资条的边框不一致，打印出来也不统一。可以用定位法快速选择工资条，批量添加边框。

先选择范围 A1：I14，去掉所有的边框。在选择的这个区域中，按下【F5】键或者【Fn+F5】快捷键，在【定位条件】中选择【常量】，重新添加边框，如图 6-19 所示。

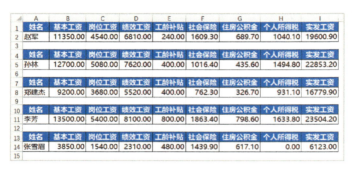

	A	B	C	D	E	F	G	H	I	J
1	姓名	基本工资	岗位工资	绩效工资	工龄补贴	社会保险	住房公积金	个人所得税	实发工资	1.0
2	赵军	11350.00	4540.00	6810.00	240.00	1609.30	689.70	1040.10	19600.90	1.1
3										1.2
4	姓名	基本工资	岗位工资	绩效工资	工龄补贴	社会保险	住房公积金	个人所得税	实发工资	2.0
5	孙林	12700.00	5080.00	7620.00	400.00	1016.40	435.60	1494.80	22853.20	2.1
6										2.2
7	姓名	基本工资	岗位工资	绩效工资	工龄补贴	社会保险	住房公积金	个人所得税	实发工资	3.0
8	郑建杰	9200.00	3680.00	5520.00	400.00	762.30	326.70	931.10	16779.90	3.1
9										3.2
10	姓名	基本工资	岗位工资	绩效工资	工龄补贴	社会保险	住房公积金	个人所得税	实发工资	4.0
11	李芳	13500.00	5400.00	8100.00	800.00	1863.40	798.60	1633.80	23504.20	4.1
12										4.2
13	姓名	基本工资	岗位工资	绩效工资	工龄补贴	社会保险	住房公积金	个人所得税	实发工资	5.0
14	张雪眉	3850.00	1540.00	2310.00	480.00	1439.90	617.10	0.00	6123.00	5.1
15										5.2

图 6-18　用排序法制作工资条 2

	A	B	C	D	E	F	G	H	I
1	姓名	基本工资	岗位工资	绩效工资	工龄补贴	社会保险	住房公积金	个人所得税	实发工资
2	赵军	11350.00	4540.00	6810.00	240.00	1609.30	689.70	1040.10	19600.90
3									
4	姓名	基本工资	岗位工资	绩效工资	工龄补贴	社会保险	住房公积金	个人所得税	实发工资
5	孙林	12700.00	5080.00	7620.00	400.00	1016.40	435.60	1494.80	22853.20
6									
7	姓名	基本工资	岗位工资	绩效工资	工龄补贴	社会保险	住房公积金	个人所得税	实发工资
8	郑建杰	9200.00	3680.00	5520.00	400.00	762.30	326.70	931.10	16779.90
9									
10	姓名	基本工资	岗位工资	绩效工资	工龄补贴	社会保险	住房公积金	个人所得税	实发工资
11	李芳	13500.00	5400.00	8100.00	800.00	1863.40	798.60	1633.80	23504.20
12									
13	姓名	基本工资	岗位工资	绩效工资	工龄补贴	社会保险	住房公积金	个人所得税	实发工资
14	张雪眉	3850.00	1540.00	2310.00	480.00	1439.90	617.10	0.00	6123.00
15									

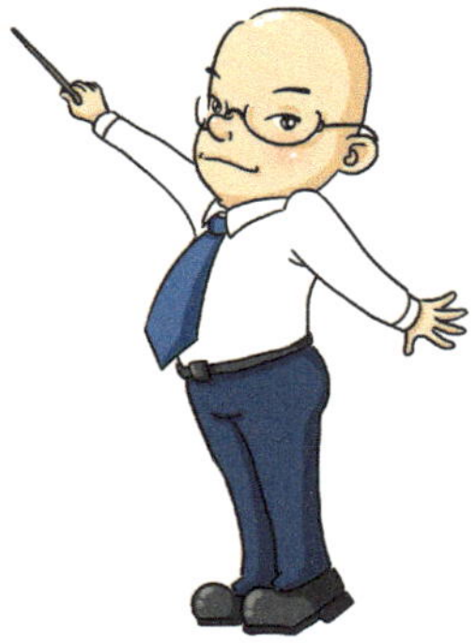

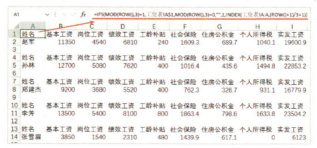

图 6-19　工资条制作效果

要实现排序制作工资条，应注意以下两点：

（1）先将工资表中的公式变成数值；

（2）笔记本计算机的键盘设置不同，定位的快捷键也不一致。

6.3.2 函数取值法

用函数法来做工资条是很方便的，因为我们设定好函数后，每次只需要将工资表粘贴到指定的工作表中，即可在另一张工作表中生成工资条的样式，见图 6-20。

A1　=IFS(MOD(ROW(),3)=1,工资表!A$1,MOD(ROW(),3)=0,"",1,INDEX(工资表!A:A,(ROW()+1)/3+1))

	A	B	C	D	E	F	G	H	I
1	姓名	基本工资	岗位工资	绩效工资	工龄补贴	社会保险	住房公积金	个人所得税	实发工资
2	赵军	11350	4540	6810	240	1609.3	689.7	1040.1	19600.9
3									
4	姓名	基本工资	岗位工资	绩效工资	工龄补贴	社会保险	住房公积金	个人所得税	实发工资
5	孙林	12700	5080	7620	400	1016.4	435.6	1494.8	22853.2
6									
7	姓名	基本工资	岗位工资	绩效工资	工龄补贴	社会保险	住房公积金	个人所得税	实发工资
8	郑建杰	9200	3680	5520	400	762.3	326.7	931.1	16779.9
9									
10	姓名	基本工资	岗位工资	绩效工资	工龄补贴	社会保险	住房公积金	个人所得税	实发工资
11	李芳	13500	5400	8100	800	1863.4	798.6	1633.8	23504.2
12									
13	姓名	基本工资	岗位工资	绩效工资	工龄补贴	社会保险	住房公积金	个人所得税	实发工资
14	张雪眉	3850	1540	2310	480	1439.9	617.1	0	6123

图 6-20　使用函数取值法制作工资条

假定存放工资的工作表叫作"工资表",我们在另一张工作表中的 A1 单元格输入公式:

=IFS(MOD(ROW(),3)=1,工资表!A$1,MOD(ROW(),3)=0,"",1,INDEX(工资表!A:A,(ROW()+1)/3+1))

用函数法制作的工资条,不带之前的格式,如果需要,可以把公式变成常量,用定位的方法完成。函数法一旦设置完成,每个月只需要将工资表数据粘贴到固定工作表中即可,更节省时间。

6.4 薪酬等级宽带图绘制

宽带薪酬中不同的薪级和新档数据如何在图表中体现?如果用常规的柱形图,并不能很好地展示薪酬的数据范围,如图 6-21 所示。

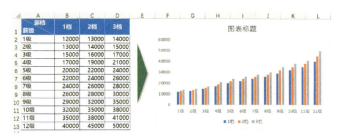

图 6-21 薪酬等级宽带默认柱形图

这时可以通过对柱形图的设置,制作悬浮柱形图。

步骤 1:将柱形图的系列重叠设置为 100%,间隙宽度设置为 50%。过程见图 6-22。

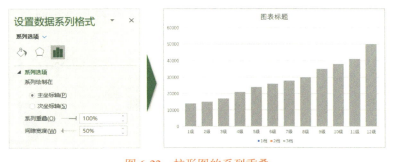

图 6-22 柱形图的系列重叠

步骤 2:在【选择数据】中设置系列的次序,如图 6-23 所示。

调整后的图表显示格式如图 6-24 所示。

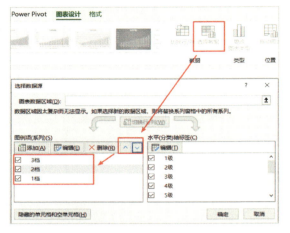

图 6-23　调整系列次序

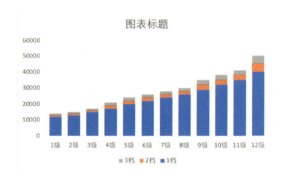

图 6-24　悬浮柱形图示意 1

步骤 3：将最下方的 1 档柱子填充为白色，去掉网格线，添加数据标签，将 2 档数据系列图表格式更改为折线，最后可以做出图 6-25 中展示的图表效果。

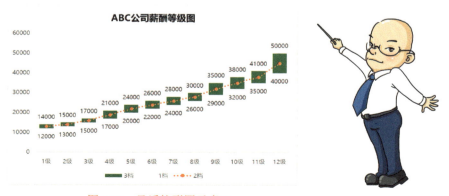

图 6-25　悬浮柱形图示意 2

6.5 制作全年薪酬分析台账

在制作全年的薪酬台账时，需要把多张表格的薪酬数据汇总在一起，这对很多人力资源伙伴来说是很头疼的事情，因为：

(1) 表格列结构不一致，不能直接复制粘贴；
(2) 表格行顺序和内容不一致，不好快速查询和比较；
(3) 基础表格可能会有变化，不能实现一键刷新。

如图 6-26 所示，文件中有 1-12 月份的薪酬表格，列结构不同，其中 7-8 月份会增加工资项目"高温补贴"；行顺序不同，每月的人数和排序都不一样。那么，如何制作全年的薪酬台账，还能实现一键刷新的功能？

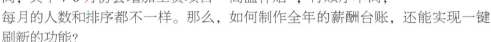

图 6-26　1-12 月份薪酬表格示意

这里要介绍的工具是 Power Query 编辑器中的【追加查询】，可以让多个表格快速合成一张表格，并能自动匹配对应的数据信息，实现一键刷新的效果。

步骤 1：打开空白 Excel 文件，选择【数据】-【获取数据】-【来自文件】-【从 Excel 共工作簿】，如图 6-27 所示，选取存放 1-12 月薪酬数据的文件。

步骤 2：勾选【选择多项】，选择 1-12 月工作表，如图 6-28 所示，单击右下角的【转换数据】按钮，进入 Power Query 编辑器。

步骤 3：在 Power Query 编辑器中，单击【追加查询】，选择【将查询追加为新查询】，见图 6-29。

图 6-27　Power Query 获取 Excel 工作簿数据

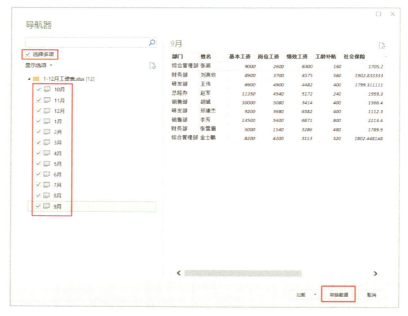

图 6-28　选取 Excel 文件中的工作表

图 6-29 追加查询

步骤 4：在追加对话框中，单击【三个或更多表】选项，将表格添加到右侧列表中，按月份大小调整上下顺序，见图 6-30。

图 6-30 调整表格顺序

追加后的表格显示如图 6-31 所示。

	月份	部门	姓名	基本工资	岗位工资
1	2022/1/1	研发部	王伟	6600	4900
2	2022/1/1	销售部	李芳	13500	5400
3	2022/1/1	综合管理部	张颖	9000	2600
4	2022/1/1	财务部	刘英玫	8900	3700
5	2022/2/1	销售部	孙林	12700	5080
6	2022/2/1	销售部	李芳	13500	5400
7	2022/2/1	综合管理部	张颖	9000	2600
8	2022/2/1	财务部	刘英玫	8900	3700
9	2022/2/1	研发部	王伟	6600	4900
10	2022/2/1	综合管理部	金士鹏	8200	4200
11	2022/1/1	总经办	赵军	11350	4540
12	2022/1/1	销售部	孙林	12700	5080
13	2022/1/1	研发部	郑建杰	9200	3680
14	2022/1/1	销售部	李芳	13500	5400

图 6-31 追加后的新表格

步骤 5：Power Query 编辑器会自动更改日期类型，在追加的表中可以添加月份名称，如图 6-32 所示。

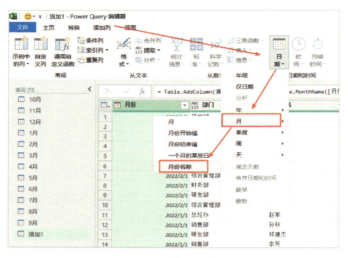

图 6-32　添加月份名称

添加后的效果如图 6-33 所示。

图 6-33　各月薪酬表格汇总

步骤 6：将表格【关闭并上载】到 Excel 表格中，见图 6-34。

图 6-34　关闭并上载

这样，1月至12月这12个工作表的内容就集中在一个工作表中，全年的薪酬台账明细就建立好了。可以看到，7~8月的"高温补贴"单独列出来了，如图 6-35 所示。

	A	B	C	D	E	F	G	H	I	J	K	L
1	月份名称	部门	姓名	基本工资	岗位工资	绩效工资	工龄补贴	社会保险	住房公积金	个人所得税	实发工资	高温补贴
47	六月	综合管理部	金士鹏	8200.00	4200.00	4493.00	320.00	1452.45	622.48	996.01	14142.06	
48	七月	总经办	赵军	11350.00	4540.00	6066.00	240.00	1959.30	919.70	1511.85	17805.15	500.00
49	七月	综合管理部	张颖	9000.00	2600.00	6543.00	160.00	1705.20	810.80	887.10	14899.90	500.00
50	七月	财务部	刘英玫	8900.00	3700.00	6034.00	560.00	1902.83	865.00	1148.05	15247.62	500.00
51	七月	研发部	王伟	6600.00	4900.00	6279.00	400.00	1799.31	851.13	956.48	14572.07	500.00
52	七月	综合管理部	金士鹏	8200.00	4200.00	2176.00	320.00	1802.45	852.48	342.16	11898.91	500.00
53	七月	销售部	孙林	12700.00	5080.00	3718.00	400.00	1366.40	665.60	1628.55	18237.45	500.00
54	七月	研发部	郑建杰	9200.00	3680.00	3798.00	400.00	1112.30	556.70	963.30	14445.70	500.00
55	七月	销售部	李芳	13500.00	5400.00	4499.00	600.00	2213.40	1028.60	1822.20	19134.80	500.00
56	七月	财务部	张雪眉	5000.00	1540.00	5802.00	480.00	1789.90	847.10	109.35	10075.65	500.00
57	八月	总经办	赵军	11350.00	4540.00	2261.00	240.00	1959.30	689.70	874.35	14867.65	500.00
58	八月	销售部	孙林	12700.00	5080.00	6516.00	400.00	1366.40	435.60	1993.50	20900.50	500.00
59	八月	研发部	郑建杰	9200.00	3680.00	5122.00	400.00	1112.30	326.70	1236.15	15726.85	500.00
60	八月	销售部	李芳	13500.00	5400.00	4236.00	800.00	2213.40	798.60	1672.80	19251.20	500.00
61	八月	综合管理部	张颖	9000.00	2600.00	6131.00	160.00	1705.20	580.80	846.30	14758.70	500.00
62	八月	财务部	刘英玫	8900.00	3700.00	4797.00	560.00	1902.83	665.50	901.15	14487.52	500.00
63	八月	研发部	王伟	6600.00	4900.00	2030.00	400.00	1799.31	621.13	475.58	11033.97	500.00
64	八月	综合管理部	金士鹏	8200.00	4200.00	2949.00	320.00	1802.45	622.48	729.31	12514.76	500.00
65	八月	财务部	张雪眉	5000.00	1540.00	4021.00	480.00	1789.90	617.10	0.00	8634.00	500.00
66	九月	综合管理部	张颖	9000.00	2600.00	6300.00	160.00	1705.20	580.80	988.95	14785.05	
67	九月	财务部	刘英玫	8900.00	3700.00	4575.00	560.00	1902.83	665.50	849.85	14316.82	

图 6-35　全年薪酬台账明细

如果月份表中的数据有了更新，只需在汇总表中选择【数据】-【全部刷新】即可，见图 6-36。

图 6-36　数据刷新

6.6　薪资结构多维度分析

薪资结构有多种分析维度，本节主要介绍部门分析、构成分析和时间维度分析三种，主要用到数据透视表、数据图表和条件格式等工具。

6.6.1　按部门的薪酬分析

关于部门的薪酬分析，可以从每个部门发放薪酬的最大值、最小值和平均值这三个基本方法来进行统计，这三种方法用透视表可以直接统计出来。如

图 6-37 所示，是统计各部门实发薪酬的最大值和最小值。

行标签	最大值项:实发工资	最小值项:实发工资2
财务部	16110.77	6251.00
销售部	21400.50	15339.50
研发部	17577.20	11468.07
综合管理部	15936.96	11387.51
总经办	18360.15	15367.65
总计	21400.5	6251

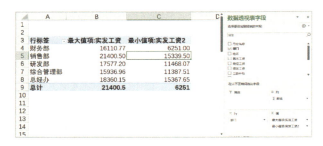

图 6-37　用透视表统计各部门薪酬值

可以通过悬浮柱形图直观看出各部门薪酬范围，如图 6-38 所示，能够看出财务部门的实发薪酬范围跨度最大，销售部门整体薪酬高。

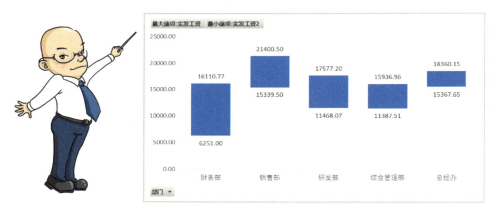

图 6-38　用悬浮图呈现各部门薪酬范围

将统计好的公司与各部门薪酬平均值放在一张表中，如图 6-39 所示。

行标签	平均值项:实发工资
财务部	11761.17
销售部	18587.52
研发部	14408.04
综合管理部	13719.18
总经办	16883.38
总计	14876.11

	部门平均工资	公司平均工资
财务部	11761.17	14786.11
销售部	18587.52	14786.11
研发部	14408.04	14786.11
综合管理部	13719.18	14786.11
总经办	16883.38	14786.11

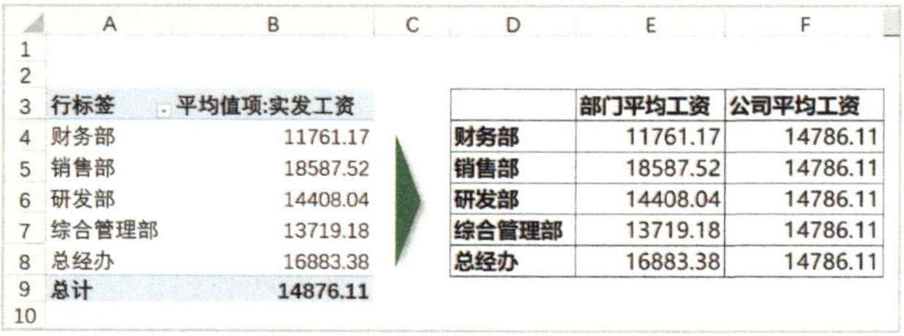

图 6-39　公司与各部门薪酬平均值

可以用图 6-40 中的柱形图和折线图来呈现，可以看出销售部和总经办平均实发薪酬高于公司平均值，财务部、研发部和综合管理部低于公司平均值。

图 6-40　用线柱组合图呈现公司与部门平均薪酬

6.6.2　薪酬构成分析

薪酬构成分析，首先来分析不同区间段按部门统计的人数，将实发工资放进【行】，部门放进【列】，姓名放进【Σ值】，在行字段的薪酬数据上单击【右键】，选择【组合】，如图 6-41 所示。

图 6-41　透视表中的薪酬数据组合

设置起始值、终止值和步长，就可以按薪酬数据的区间段分组，并能根据统计结果设置条件格式提醒功能，如图 6-42 所示。这样既能看出各部门的薪酬范围，还能看出在某个区间段的分布情况。比如综合管理部在"14000-16000"这个区间人数最多，有 12 人；销售部在"18000-20000"这个区间人数最多，有 10 人。

将整个公司各区间段人数汇总，可以方便地做出漏斗图和柱形图，如图 6-43 所示。可以看出公司员工实发工资落在"14000-16000"这个区间段人数最多，有 30 人。

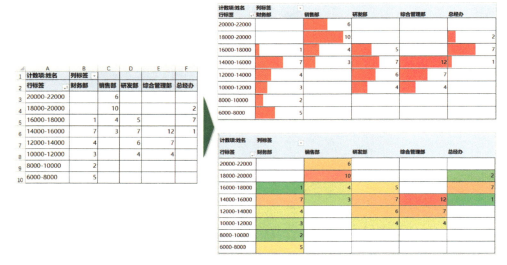

图 6-42　用条件格式呈现不同部门薪酬区间人数

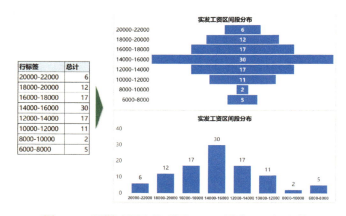

图 6-43　用漏斗图和柱形图呈现不同薪酬区间人数

　　从薪酬项目构成的角度，可以用透视表统计出各薪酬项目的金额汇总，用饼图快速看出各个薪酬项目的占比，如图 6-44 所示。

　　将薪酬发放时的扣除项调整为负值，本例中是社会保险、住房公积金和个人所得税三项，可以用瀑布图体现公司全年薪酬发放时各项目的增减情况，也就是如何从基本工资 930200.00 到实发工资 1487610.55 的变化路径，如图 6-45 所示。

　　也可以用瀑布图做出年初 1 月的实发工资 57738.87 到年底 12 月份实发工资

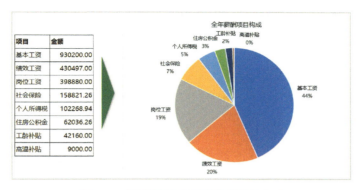

图 6-44　用饼图呈现不同薪酬项目占比

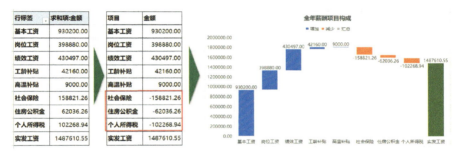

图 6-45　用瀑布图呈现不同薪酬项目的增减情况

135766.40 的变化路径，如图 6-46 所示。

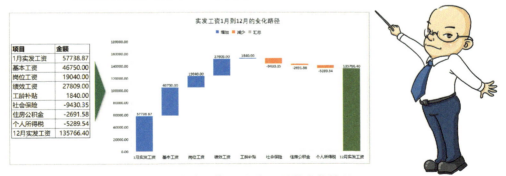

图 6-46　用瀑布图呈现实发工资 1 月到 12 月的变化情况

6.6.3　时间维度分析

用透视表可以实现按不同薪酬项目，汇总每个月份的合计，图 6-47 的表格是统计实发工资 12 个月份的合计以及环比增长率。环比增长率主要用到了【值显示方式】中的【差异百分比】功能，【基本项】选择【上一个】即可。

图 6-47　计算各月实发工资和环比增长

薪酬的数值和百分比要直接做柱形图，不能完全显示出来，这时候要用到【组合图】，见图 6-48，环比增长率可以用次坐标轴上的折线图，见图 6-49。

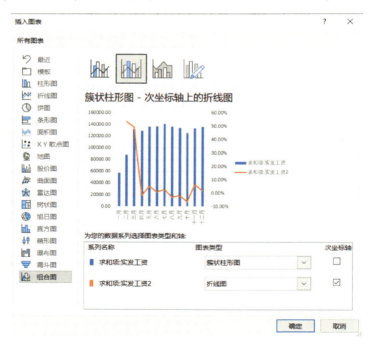

图 6-48　线柱组合图的按钮位置

图 6-49　用线柱组合图呈现各月实发工资和环比

【知识拓展】

数字多的柱形图容易导致数据标签重叠，从而看不清楚，如图 6-50 所示。

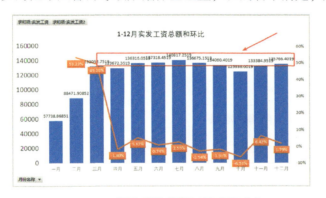

图 6-50　图表中的数据标签重叠示意

选择数据标签，单击【右键】，选择【设置数据标签格式】，在自定义类型中，设置为【0!.0,"万"】即可，过程见图 6-51。

图 6-51　设置数据标签格式按"万"为单位

第 7 章

「个人所得税核算」

从 2019 年 1 月 1 日起，企事业单位发工资个税不再按月计算，而是对综合所得实行按年计税，每月累计预扣预缴、次年汇算清缴多退少补的计算方法。

本节主要介绍工资个税预缴计算公式、劳务报酬缴税核算、年终奖缴税核算、年度汇算清缴和税后推算税前等内容，知识结构思维导图见图 7-1。

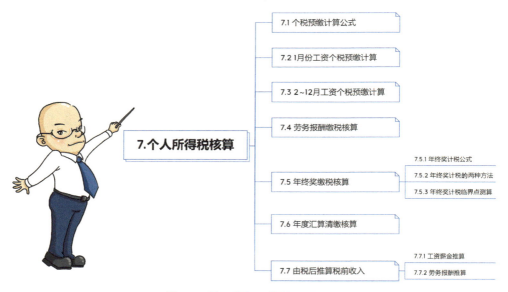

图 7-1　第 7 章知识结构思维导图

7.1 个税预缴计算公式

新个人所得税核算过程发生根本变化，笔者总结出一份个税累计预扣法计算步骤，见图 7-2。

具体计算公式为：

本月应扣缴税额 =（本月累计应扣预缴纳税所得额 *预扣税率 – 速算扣除

数)−累计减免税额−累计已预扣预缴税额

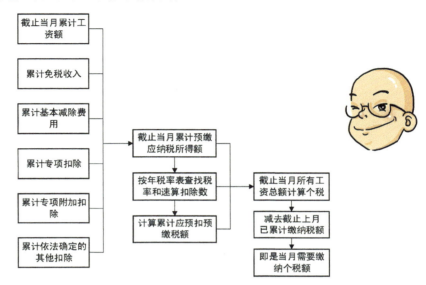

图 7-2　个税累计预扣法计算步骤

本月累计应扣预缴纳税所得额＝累计收入−累计免税收入−累计减除费用−累计专项扣除−累计专项附加扣除−累计依法确定的其他扣除

其中：累计减除费用＝5000＊月份数

主要计算步骤以及个人所得税预扣率和速算扣除数分别见图 7-3。

个人所得税预扣率表一
(居民个人工资、薪金所得预扣预缴适用)

级数	累计预扣预缴应纳税所得额	预扣率	速算扣除数
1	不超过36000的部分	3%	0
2	超过36000至144000的部分	10%	2520
3	超过144000至300000的部分	20%	16920
4	超过300000至420000的部分	25%	31920
5	超过420000至660000的部分	30%	52920
6	超过660000至960000的部分	35%	85920
7	超过960000的部分	45%	181920

图 7-3　个人所得税预扣率和速算扣除数

为了方便理解计算过程，接下来会完成一个预缴个税计算案例。某单位 2022 年 1-12 月份员工的应发工资、三险一金和专项附加扣除情况分别如图 7-4、图 7-5 和图 7-6 所示。

三张表格均按 12 个月份设计，满足这三项数据在不同月份出现调整变化。

	A	B	C	D	E	F	G	H	I	J	K	L	M
1	姓名	1月	2月	3月	4月	5月	6月	7月	8月	9月	10月	11月	12月
2	赵军			19000	27600	21700	28000	24200	17000	25800	26100	22700	19900
3	孙林		6000	18000	16800	14100	26300	21100	28100	17000	25800	25400	23200
4	郑建杰			9000	8600	14000	13500	25200	25000	21700	19200	18400	9900
5	李芳	15000	35000	16000	7600	7300	7200	23400	17100	24400	17700	27000	11200
6	张雪眉			17000	13200	23700	21400	23600	13100	28400	25600	7700	14100
7	张颖	6000	23000	7000	28000	6900	27800	17000	10700	14700	21600	16900	23600
8	刘英玫	55000	27000	35000	23400	27700	22400	10000	14300	23600	16900	24000	32000
9	王伟	10000	21000	44000	25500	9000	9400	14300	27800	14600	12300	22600	6700
10	金士鹏		21000	13000	27200	22900	12000	23300	25200	29100	8900	22700	23800

图 7-4　应发工资基础表

	A	B	C	D	E	F	G	H	I	J	K	L	M
1	姓名	1月	2月	3月	4月	5月	6月	7月	8月	9月	10月	11月	12月
2	赵军			2090.00	2090.00	2090.00	2090.00	2299.00	2299.00	2299.00	2299.00	2299.00	2299.00
3	孙林		1320.00	1320.00	1320.00	1320.00	1320.00	1452.00	1452.00	1452.00	1452.00	1452.00	1452.00
4	郑建杰			990.00	990.00	990.00	990.00	1089.00	1089.00	1089.00	1089.00	1089.00	1089.00
5	李芳	2420.00	2420.00	2420.00	2420.00	2420.00	2420.00	2662.00	2662.00	2662.00	2662.00	2662.00	2662.00
6	张雪眉			1870.00	1870.00	1870.00	1870.00	2057.00	2057.00	2057.00	2057.00	2057.00	2057.00
7	张颖	1320.00	1320.00	1320.00	1320.00	1320.00	1320.00	1452.00	1452.00	1452.00	1452.00	1452.00	1452.00
8	刘英玫	4290.00	4290.00	4290.00	4290.00	4290.00	4290.00	4719.00	4719.00	4719.00	4719.00	4719.00	4719.00
9	王伟	1650.00	1650.00	1650.00	1650.00	1650.00	1650.00	1815.00	1815.00	1815.00	1815.00	1815.00	1815.00
10	金士鹏		1870.00	1870.00	1870.00	1870.00	1870.00	2057.00	2057.00	2057.00	2057.00	2057.00	2057.00

图 7-5　三险一金基础表

	A	B	C	D	E	F	G	H	I	J	K	L	M
1	姓名	1月	2月	3月	4月	5月	6月	7月	8月	9月	10月	11月	12月
2	赵军			5000	5000	5000	5000	5000	5000	5000	5000	5000	5000
3	孙林		2000	2000	2000	4000	4000	4000	4000	4000	4000	4000	4000
4	郑建杰			1000	1000	1000	1000	3000	3000	3000	3000	3000	3000
5	李芳	3000	3000	3000	3000	3000	3000	3000	3000	3000	3000	3000	3000
6	张雪眉			4000	4000	4000	4000	4000	4000	4000	4000	4000	4000
7	张颖	4000	4000	4000	4000	4000	4000	4000	4000	4000	4000	4000	4000
8	刘英玫	4000	4000	4000	4000	4000	4000	4000	4000	4000	4000	4000	4000
9	王伟	3000	3000	3000	3000	3000	3000	3000	3000	3000	3000	3000	3000
10	金士鹏		4000	4000	4000	4000	4000	4000	4000	4000	4000	4000	4000

图 7-6　专项附加扣除表

7.2　1月份工资个税预缴计算

1月份个税预缴计算结果见图 7-7。

	A	B	C	D	E	F	G	H	I	J
1	姓名	应发工资	三险一金	专项附加扣除	合计扣除	本年应税工资累计	税率(预扣率)	速算扣除数	本年个税累计	本月应缴个税
2	王伟	10000	1650	3000	9650	350	3%	0	10.50	10.50
3	李芳	15000	2420	3000	10420	4580	3%	0	137.40	137.40
4	张颖	6000	1320	4000	10320	-4320	3%	0	0.00	0.00
5	刘英玫	55000	4290	4000	13290	41710	10%	2520	1651.00	1651.00

图 7-7　1月份工资表

1月份工资表中B、C、D列按图 7-4 填写好，因为1月份工资表是每年度第一次计算预缴个税，公式会和其他月份不同，从 E 列到 J 列的计算公式如下：

（1）合计扣除＝每月减除费用+三险一金+专项附加扣除。

E2＝5000+C2+D2

（2）本年应税工资累计=1月应发工资-1月合计扣除。

F2=B2-E2

（3）预扣率按图7-3所示进行匹配。

G2 = IFS（F2>960000，0.45，F2>660000，0.35，F2>420000，0.3，F2>300000，0.25，F2>144000，0.2，F2>36000，0.1，F2<=36000，0.03）

IFS函数是新增的多条件判断函数，适用于Office 2019和Office 365版本，对于使用其他版本的读者，笔者再推荐一个用LOOKUP函数获取预扣率的公式：

G2=LOOKUP（MAX（F2,0.0001），6000*{0；6；24；50；70；110；160}+0.0001，5*{0.6；2；4；5；6；7；9}%）

（4）速算扣除数按图7-3所示进行匹配。

H2 = IFS（F2>960000,181920,F2>660000,85920,F2>420000,52920,F2>300000,31920,F2>144000,16920,F2>36000,2520,F2<=36000,0）

或者

H2=LOOKUP（MAX（F2,0.0001），6000*{0；6；24；50；70；110；160}+0.0001，120*{0；21；141；266；441；716；1516}）

（5）本年个税累计=本年应税工资累计*预扣率-速算扣除数。

如本年个税累计为负值，则显示0。同时进行四舍五入，保留两位小数。

I2=ROUND（MAX（F2*G2-H2,0），2）

也可以直接进行计算：

I2=ROUND（5*MAX（F2*{0.6；2；4；5；6；7；9}%-{0；504；3384；6384；10584；17184；36384}，0），2）

（6）本月应缴个税=本年个税累计。

J2=I2

7.3 2~12月工资个税预缴计算

2月份个税预缴计算结果见图7-8。

	A	B	C	D	E	F	G	H	I	J
1	姓名	应发工资	三险一金	专项附加扣除	合计扣除	本年应税工资累计	税率（预扣率）	速算扣除数	本年个税累计	本月应缴个税
2	孙林	6000	1320	2000	8320	-2320	3%	0	0.00	0.00
3	李芳	35000	2420	3000	10420	29160	3%	0	874.80	737.40
4	张颖	23000	1320	4000	10320	8360	3%	0	250.80	250.80
5	刘英玫	27000	4290	4000	13290	55420	10%	2520	3022.00	1371.00
6	王伟	21000	1650	3000	9650	11700	3%	0	351.00	340.50
7	金士鹏	21000	1870	4000	10870	10130	3%	0	303.90	303.90

图7-8 2月份工资表

2月份工资表中的B、C、D列按图7-4填写好后，从E列到J列的计算公式如下：

（1）合计扣除=每月减除费用+三险一金+专项附加扣除。

E2=5000+C2+D2

（2）本年应税工资累计=2月应发工资-2月合计扣除+**1月本年应税工资累计**。

F2=B2-E2+IFERROR(VLOOKUP(A2,'1月'! A:J,6,0),0)

按2月工资表姓名查询1月工资表对应的应税工资累计，如果找不到就为0。

（3）预扣率、速算扣除数和本年个税累计公式与1月份相同。

（4）本月应缴个税=2月本年个税累计-**1月本年个税累计**。

J2=I2-IFERROR(VLOOKUP(A2,'1月'! A:J,9,0),0)

3月份个税预缴计算结果见图7-9。

	A	B	C	D	E	F	G	H	I	J
1	姓名	应发工资	三险一金	专项附加扣除	合计扣除	本年应税工资累计	税率（预扣率）	速算扣除数	本年个税累计	本月应缴个税
2	赵军	19000	2090	5000	12090	6910	3%	0	207.30	207.30
3	孙林	18000	1320	2000	8320	7360	3%	0	220.80	220.80
4	郑建杰	9000	990	1000	6990	2010	3%	0	60.30	60.30
5	李芳	16000	2420	3000	10420	34740	3%	0	1042.20	167.40
6	张雪眉	17000	1870	4000	10870	6130	3%	0	183.90	183.90
7	张颖	7000	1320	4000	10320	5040	3%	0	151.20	-99.60
8	刘英玫	35000	4290	4000	13290	77130	10%	2520	5193.00	2171.00
9	王伟	44000	1650	3000	9650	46050	10%	2520	2085.00	1734.00
10	金士鹏	13000	1870	4000	10870	12260	3%	0	367.80	63.90

图7-9　3月份工资表

3月份工资表中的公式和2月份相似，不同的是3月份要查找2月份的应税工资累计和个税累计，有以下不同：

（1）本年应税工资累计=3月应发工资-3月合计扣除+**2月本年应税工资累计**。

F2=B2−E2+IFERROR(VLOOKUP(A2,'2月'! A:J,6,0),0)

（2）本月应缴个税=3月本年个税累计−**2月本年个税累计**。

J2=I2−IFERROR(VLOOKUP(A2,'2月'! A:J,9,0),0)

以员工孙林为例，笔者整理出全年个税预缴台账，可以看到税率和速算扣除数的变化，见图7-10。

	A	B	C	D	E	F	G	H	I	J	K	L
1				2022年1-12月份个人缴税台账								
2	姓名	孙林										
3	月份	应发工资	三险一金	专项附加扣除	合计扣除	本年应税工资累计	税率（预扣率）	速算扣除数	本年个税累计	应缴个税	应缴个税调节	实缴个税
4	1月										0.0	0.0
5	2月	6000.00	1320.00	2000.00	8320.00	-2320.00	3%	0.00	0.00	0.00	0.0	0.0
6	3月	18000.00	1320.00	2000.00	8320.00	7360.00	3%	0.00	220.80	220.80	220.8	220.8
7	4月	16800.00	1320.00	2000.00	8320.00	15840.00	3%	0.00	475.20	254.40	254.4	254.4
8	5月	14100.00	1320.00	4000.00	10320.00	19620.00	3%	0.00	588.60	113.40	113.4	113.4
9	6月	26300.00	1320.00	4000.00	10320.00	35600.00	3%	0.00	1068.00	479.40	479.4	479.4
10	7月	21100.00	1452.00	4000.00	10452.00	46248.00	10%	2520.00	2104.80	1036.80	1036.8	1036.8
11	8月	28100.00	1452.00	4000.00	10452.00	63896.00	10%	2520.00	3869.60	1764.80	1764.8	1764.8
12	9月	17000.00	1452.00	4000.00	10452.00	70444.00	10%	2520.00	4524.40	654.80	654.8	654.8
13	10月	25800.00	1452.00	4000.00	10452.00	85792.00	10%	2520.00	6059.20	1534.80	1534.8	1534.8
14	11月	25400.00	1452.00	4000.00	10452.00	100740.00	10%	2520.00	7554.00	1494.80	1494.8	1494.8
15	12月	23200.00	1452.00	4000.00	10452.00	113488.00	10%	2520.00	8828.80	1274.80	1274.8	1274.8

图7-10　个人缴税台账示意

该单位所有员工全年预缴个税情况见图 7-11。

2022年1-12月份应缴个税

姓名	1月	2月	3月	4月	5月	6月	7月	8月	9月	10月	11月	12月
赵军			207.30	465.30	288.30	1313.10	1190.10	470.10	1350.10	1380.10	1040.10	760.10
孙林		0.00	220.80	254.40	113.40	479.40	1036.80	1764.80	654.80	1534.80	1494.80	1274.80
郑建杰			60.30	48.30	210.30	195.30	483.33	1398.67	1261.10	1011.10	931.10	81.10
李芳	137.40	737.40	167.40	-93.60	-93.60	-96.60	523.40	643.80	1273.80	703.80	1633.80	53.80
张雪眉			183.90	69.90	384.90	315.90	961.70	204.30	1734.30	1454.30	-335.70	304.30
张颖	0.00	250.80	-99.60	530.40	-102.60	579.00	654.80	24.80	424.80	1114.80	644.80	1314.80
刘英玫	1651.00	1371.00	2171.00	1011.00	1441.00	911.00	-371.90	58.10	988.10	318.10	1028.10	2352.70
王伟	10.50	340.50	1734.00	1585.00	-65.00	-25.00	448.50	1798.50	478.50	248.50	1278.50	-311.50
金士鹏		303.90	63.90	489.90	684.30	113.00	1224.30	1414.30	1804.30	-215.70	1164.30	1274.30

图 7-11　全年个税预缴情况

从图 7-12 中可以看出有很多月份的预缴税金为负值，比如张颖 3 月份预缴个税为−99.6，遇到负值如何处理呢？

2022年1-12月份实缴个税明细

姓名	1月	2月	3月	4月	5月	6月	7月	8月	9月	10月	11月	12月
赵军			207.30	465.30	288.30	1313.10	1190.10	470.10	1350.10	1380.10	1040.10	760.10
孙林		0.00	220.80	254.40	113.40	479.40	1036.80	1764.80	654.80	1534.80	1494.80	1274.80
郑建杰			60.30	48.30	210.30	195.30	483.33	1398.67	1261.10	1011.10	931.10	81.10
李芳	137.40	737.40	167.40	0.00	0.00	0.00	239.60	643.80	1273.80	703.80	1633.80	53.80
张雪眉			183.90	69.90	384.90	315.90	961.70	204.30	1734.30	1454.30	0.00	0.00
张颖	0.00	250.80	0.00	430.80	0.00	476.40	654.80	24.80	424.80	1114.80	644.80	1314.80
刘英玫	1651.00	1371.00	2171.00	1011.00	1441.00	911.00	0.00	0.00	674.30	318.10	1028.10	2352.70
王伟	10.50	340.50	1734.00	1585.00	0.00	0.00	358.50	1798.50	478.50	248.50	1278.50	0.00
金士鹏		303.90	63.90	489.90	684.30	113.00	1224.30	1414.30	1804.30	0.00	943.60	1274.30

图 7-12　月份预缴个税负值调整

如果月度预缴个税为负值时，暂不缴税和退税，继续按后续月份累计计算。如果纳税年度结束后累计应纳税额小于累计已预缴税额，暂不办理退税，在次年 3 月至 6 月的汇算清缴期办理退税。员工王伟在次年办理汇算清缴时，如果只有工资薪金，需退税 311.50 元，如果还有其他收入，需综合核算。

采取累计预缴的方式是使预缴的税款最大趋同于年终的汇算清缴税款，最大限度地减少退补税的情况发生。

7.4 劳务报酬缴税核算

《国家税务总局关于全面实施新个人所得税法若干征管衔接问题的公告》(国家税务总局公告 2018 年第 56 号）中对劳务报酬、稿酬、特许权使用费所得缴税做了明确说明。

> 扣缴义务人向居民个人支付劳务报酬所得、稿酬所得、特许权使用费所得时，按次或者按月预扣预缴个人所得税。具体预扣预缴税款计算方法为：

> 劳务报酬所得、稿酬所得、特许权使用费所得以每次收入减除费用后的余额为收入额，稿酬所得的收入额减按百分之七十计算。
>
> 减除费用：劳务报酬所得、稿酬所得、特许权使用费所得预扣预缴税款时，每次收入不超过四千元的，减除费用按八百元计算；每次收入四千元以上的，减除费用按百分之二十计算。
>
> 应纳税所得额：劳务报酬所得、稿酬所得、特许权使用费所得，以每次收入额为预扣预缴应纳税所得额。劳务报酬所得适用百分之二十至百分之四十的超额累进预扣率，稿酬所得、特许权使用费所得适用百分之二十的比例预扣率。
>
> 劳务报酬所得应预扣预缴税额=预扣预缴应纳税所得额×预扣率-速算扣除数
>
> 稿酬所得、特许权使用费所得应预扣预缴税额=预扣预缴应纳税所得额×20%

居民个人劳务报酬所得预扣预缴个人所得税税率和速算扣除数见图7-13。

个人所得税预扣率表二
（居民个人劳务报酬所得预扣预缴适用）

级数	预扣预缴应纳税所得额	预扣率	速算扣除数
1	不超过20000元的	20%	0
2	超过20000元至50000元的部分	30%	2000
3	超过50000元的部分	40%	7000

图7-13　个人所得税预扣率2-劳务报酬所得

笔者也对不同区间的劳务报酬预缴所得税做了测算，见图7-14。

姓名	应发劳务费	所得税基数	税率（预扣率）	速算扣除数	预缴所得税	税后劳务费
王伟	500	0	20%	0	0	500
郑建杰	3500	2700	20%	0	540	2960
李芳	9000	7200	20%	0	1440	7560
张颖	28000	22400	30%	2000	4720	23280
刘英玫	66000	52800	40%	7000	14120	51880

图7-14　劳务报酬预缴所得税示意

计算步骤：

（1）计算所得税基数。

在单元格C2中输入公式：

=IFS(B2>=4000,B2*80%,B2>800,B2-800,B2<=800,0)

或者

=IF(B2>=4000,B2*80%,IF(B2>800,B2-800,IF(B2<=800,0)))

（2）计算预扣税率和速算扣除数。

在单元格 D2 中输入公式：

=IFS（C2>50000,40%,C2>20000,30%,C2<=20000,20%）

或者

=IF（C2>50000,40%,IF（C2>20000,30%,20%））

在单元格 E2 中输入公式：

=IFS（C2>50000,7000,C2>20000,2000,C2<=20000,0）

或者

=IF（C2>50000,7000,IF（C2>20000,2000,0））

（3）计算预缴所得税。

在单元格 F2 中输入公式：

=C2*D2-E2

（4）计算税后劳务报酬。

在单元格 G2 中输入公式：

=B2-F2

7.5 年终奖缴税核算

2021 年底的国务院常务会议，为减轻个人所得税负担，缓解中低收入群体压力，会议决定延续实施部分个人所得税优惠政策，其中包括延续年终奖个税单独计税优惠政策。会议称，将全年一次性奖金不并入当月工资薪金所得、实施按月单独计税的政策延续至 2023 年底。

早在 2018 年底，财政部税务总局发布了《关于个人所得税法修改后有关优惠政策衔接问题的通知》，居民个人取得全年一次性奖金，符合相关规定的，在 2021 年 12 月 31 日前，不并入当年综合所得，以全年一次性奖金收入除以 12 个月得到的数额，按照本通知所附按月换算后的综合所得税率表，确定适用税率和速算扣除数，单独计算纳税。

新的综合所得月度税率表见图 7-15。

图 7-15　年终奖综合所得月度税率表

7.5.1 年终奖计税公式

计算年终奖个税步骤：

（1）按照全年一次性奖金除以 12 的商数，对照综合所得的月度税率表，查找适用税率（月税率）和速算扣除数；

（2）全年一次性奖金的收入全额，乘以查找的适用税率，减去对应的一个速算扣除数，即为应纳税额。

因此，年终奖个税的计算公式如下：

年终奖应纳税额=全年一次性奖金*税率-速算扣除数

笔者制作了一份年终奖个税计算表，如图 7-16 所示。

姓名	年终奖	按月换算应纳税所得额	税率	速算扣除数	应纳税额	实发年终奖
王伟	30000	2500.00	3%	0	900	29100
郑建杰	50000	4166.67	10%	210	4790	45210
李芳	80000	6666.67	10%	210	7790	72210
张颖	100000	8333.33	10%	210	9790	90210
刘英玫	150000	12500.00	20%	1410	28590	121410

图 7-16　年终奖个税计算示意

计算说明：

（1）按月换算应纳税所得额。

C2=B2/12

（2）税率。

D2=IFS（C2>80000,0.45,C2>55000,0.35,C2>35000,0.3,C2>25000,0.25,C2>12000,0.2,C2>3000,0.1,C2<=3000,0.03）

或者

D2=LOOKUP（C2,500*{0;6;24;50;70;110;160}+0.0001,5*{0.6;2;4;5;6;7;9}%)

（3）速算扣除数。

E2=IFS（C2>80000,15160,C2>55000,7160,C2>35000,4410,C2>25000,2660,C2>12000,1410,C2>3000,210,C2<=3000,0）

或者

E2=LOOKUP（C2,500*{0;6;24;50;70;110;160}+0.0001,10*{0;21;141;266;441;716;1516}）

（4）应纳税额。

F2=B2*D2-E2

（5）实发年终奖。

H2=B2-F2

7.5.2 年终奖计税的两种方法

2019 年 1 月 1 日起，个人取得全年一次性奖金计算税款时，不再考虑当月正常工资收入是否低于 5000 元。个人可以选择不享受全年一次性奖金政策，将取得的全年一次性奖金并入综合所得征税。

哪种计税方式更为划算呢？下面用两个例子来进行说明。

案例 1：王伟每月工资都是 6000，可享受的专项附加扣除项目为房屋贷款利息 1000/月，赡养老人 1000/月，三险一金扣除 680.00/月，年终奖是 60000。

（1）全年一次性奖金单独计税：

60000/12=5000，适用税率为 10%，速算扣除数为 210。

全年一次性奖金应纳税额=60000*10%-210=5790

（2）纳入综合所得计税：

全年收入：6000*12+60000=132000

费用减除数：60000

专项附加扣除：（1000+1000+680）*12=32160

年累计应纳所得额=132000-60000-32160=39840，适用税率为 10%，速算扣除数 2520。

全年应纳个税=39840*10%-2520=1464。

很显然王伟的全年一次性奖金适合**综合计税**。

案例 2：孙林每月工资都是 22000，可享受的专项附加扣除项目为房屋贷款利息 1000/月，赡养老人 1000/月，子女教育 1000/月，年终奖是 60000（暂不考虑扣除三险一金）。

（1）全年一次性奖金单独计税：

60000/12=5000，适用税率为 10%，速算扣除数为 210。

全年一次性奖金应纳税额=60000*10%-210=5790

（2）纳入综合所得计税：

全年收入 22000*12+60000=324000

费用减除数：60000

专项附加扣除：（1000+1000+1000）*12=36000

先来看看年终奖没有纳入综合所得的情况下，全年需要缴纳多少个税：

22000*12-60000-36000=168000，适用税率为 10%，速算扣除数为 2520。

168000*10%-2520=14280

再把年终奖纳入计税：

年累计应纳所得额 = 324000 − 60000 − 36000 = 228000，适用税率为 20%，速算扣除数为 16920。全年应纳税额 228000 * 20% − 16920 = 28680

年终奖应纳税额 = 28680 − 14280 = 14400

显然孙林全年一次性奖金适合**单独计税**。

2022 年 1 月 1 日以后的年终奖需计入全年所得综合计税。

7.5.3 年终奖计税临界点测算

根据按月换算后的综合所得税率表，会产生新的年终奖临界点，发生"年终奖多发一元，到手收入少千元的"现象。

经过测算，年终奖共有 6 个临界点，分别是 36000、144000、300000、420000、660000 和 960000，测算数据和示意图分别见图 7-17 和图 7-18。

临界点	年终奖	按月换算应纳税所得额	税率	速算扣除数	应纳税额	多发奖金数额	增加税额
临界点1	36000.00	3000.00	3%	0	1080.00		
	36001.00	3000.08	10%	210	3390.10	1.00	2310.10
	38566.67	3213.89	10%	210	3646.67	2566.67	2566.67
临界点2	144000.00	12000.00	10%	210	14190.00		
	144001.00	12000.08	20%	1410	27390.20	1.00	13200.20
	160500.00	13375.00	20%	1410	30690.00	16500.00	16500.00
临界点3	300000.00	25000.00	20%	1410	58590.00		
	300001.00	25000.08	25%	2660	72340.25	1.00	13750.25
	318333.33	26527.78	25%	2660	76923.33	18333.33	18333.33
临界点4	420000.00	35000.00	25%	2660	102340.00		
	420001.00	35000.08	30%	4410	121590.30	1.00	19250.30
	447500.00	37291.67	30%	4410	129840.00	27500.00	27500.00
临界点5	660000.00	55000.00	30%	4410	193590.00		
	660001.00	55000.08	35%	7160	223840.35	1.00	30250.35
	706538.46	58878.21	35%	7160	240128.46	46538.46	46538.46
临界点6	960000.00	80000.00	35%	7160	328840.00		
	960001.00	80000.08	45%	15160	416840.45	1.00	88000.45
	1120000.00	93333.33	45%	15160	488840.00	160000.00	160000.00

图 7-17　年终奖个税临界点测算数据

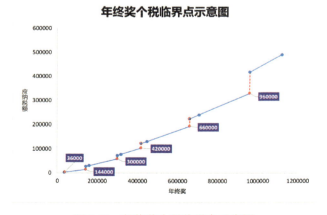

图 7-18　年终奖个税临界点示意图

从图 7-17 中可以看出，如果发放 36000 元年终奖，个税需要缴纳 36000×3% = 1080 元，到手 34920 元。如果多发 1 元，也就是发放 36001 元年终奖，个税需要缴纳 36001×10%−210 = 3390.1 元，到手 32610.9 元。相比之下，多发 1 元年终奖，到手收入反而少了 2309.1 元。

其实，年终奖在区间 36001−38566.67 元范围内，员工实际收入都不高于年终奖 36000 元时的收入，也就是在该范围内，相对临界点增加的年终奖数额不高于应纳税额的增加值，示意图见图 7-19。其他临界点的对应区间范围可参考图 7-17。

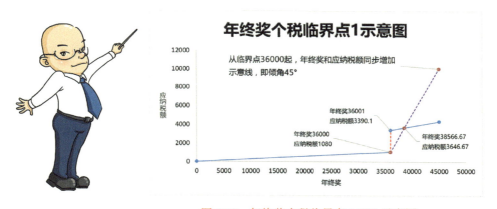

图 7-19　年终奖个税临界点 36000 示意图

7.6　年度汇算清缴核算

新税制实施后，居民个人需结合税制变化，对综合所得实行按年计税的累计预扣法，对有多处收入、年度中间享受扣除不充分等很难在预扣环节精准扣缴税款的。关于办理汇算清缴，主要有以下规定。

> 一是纳税人在一个纳税年度中从两处或者两处以上取得综合所得，且综合所得年收入额减去"三险一金"等专项扣除后的余额超过六万元的。主要原因：对个人取得两处以上综合所得且合计超过 6 万元的，日常没有合并预扣预缴机制，难以做到预扣税款与汇算清缴税款一致，需要汇算清缴。
>
> 二是取得劳务报酬所得、稿酬所得、特许权使用费所得中的一项或者多项所得，且四项综合所得年收入额减去"三险一金"等专项扣除后的余额超过六万元的。主要原因：上述三项综合所得的收入来源分散，收入不稳定，可能存在多个扣缴义务人，难以做到预扣税款与汇算清缴税款一致，需要汇

> 算清缴。
>
> 三是纳税人在一个纳税年度内，预扣预缴的税额低于依法计算出的应纳税额。
>
> 四是纳税人申请退税的。申请退税是纳税人的合法权益，如纳税人年度预缴税款高于应纳税款的，可以申请退税。

汇算清缴对于有多处收入的人员非常有必要，因为劳务报酬在预扣预缴时与年度汇算清缴时，收入额、扣除额、适用税率、计算方法不一样，所以缴纳的个税会存在很大的差异。

案例：

李芳在 A 公司工资薪金 15000 元/月，三险一金 2420 元/月，专项附加扣除 3000 元/月。在 B 公司劳务报酬 5000 元/月。

计算过程见图 7-20，在 A 公司全年应税工资累计为 12 *（15000－5000－2420－3000）= 54960 元，全年工资预缴个税累计 2976 元。在 B 公司每月预缴个税 800 元，全年劳务报酬预缴个税 9600 元。在 A、B 两家公司共预缴个税 2976+9600＝12576 元。

在个人年度汇算清缴的时候，根据综合所得计算方式，全年个人应缴纳所得额为 54960＋48000＝102960 元，全年个人应缴纳个税 102960 * 10%－2520＝7776 元，退税额为 102960－2280＝4800 元，见图 7-21，退税额占实缴个税比例为 38.17%。

A公司预缴税金计算	
应发工资	15000
三险一金	2420
专项附加扣除	3000
全年应税工资累计	54960
税率（预扣率）	10%
速算扣除数	2520
全年工资预缴个税累计	2976

B公司预缴税金计算	
应发劳务费	5000
所得税基数	4000
税率（预扣率）	20%
速算扣除数	0
每月预缴所得税	800
全年劳务报酬预缴个税	9600

图 7-20　A、B 公司预缴个税计算

全年个税汇算清缴计算	
全年工资应税累计	54960
全年劳务费应税累计	48000
全年综合所得	102960
税率（预扣率）	10%
速算扣除数	2520
本年应缴个税	7776
本年实缴个税	12576
退税额	4800
退税额占实缴个税比例	38.17%

图 7-21　全年个税汇算清缴计算 1

本例中如果李芳每月应发工资调整为 10000 元，其他假设不变，则全年汇算清缴时应缴税金 1776 元，实缴税金 9600 元，退税额 7824 元，退税额占实缴个税额的 81.50%，计算过程见图 7-22。

劳务报酬采取先分后合这样的计算方式，这就相当于每个月提前把税先攒在国家税金中，年度汇算清缴的时候再退回来。对于那些长期依靠劳务收入的人群来说，建议每年都要做汇算清缴。

第 7 章 个人所得税核算

图 7-22 全年个税汇算清缴计算 2

7.7 由税后推算税前收入

在有的企业单位，签订的合同中明确的是税后收入。财务会计部门需要根据已知的税后收入推算税前收入。这和前面的计算过程正好相反，也分为工资薪金推算和劳务报酬推算。

7.7.1 工资薪金推算

根据税后工资推算税前工资，这里笔者推荐 Excel 中的数据分析工具【单变量求解】，命令按钮位置见图 7-23。

图 7-23 【单变量求解】命令

单变量求解就是求解只有一个变量的方程式，方程可以是线性的，也可以是非线性的。单变量求解工具可以解决许多财务管理中涉及一个变量的"倒推"问题。

在使用前，需要有一份带公式的工资个税计算表。仅以第 1 个月为例，暂不考虑累计计税，如图 7-24 所示。先假设王伟应发工资 10000 元，三险一金比例 10% 即 1000 元，专项附加扣除 3000 元，则应税工资 1000 元，应缴个税 1000*3%=30 元，税后工资 10000-1000-30=8970 元。

那么如何进行倒推计算呢？比如想知道税后工资 20000 元，那么税前工资应该是多少呢？

图 7-24　工资个税计算表

选择【数据】-【模拟运算】-【单变量求解】，按图 7-25 进行设置。目标单元格即是带公式的税后工资 B10，目标值填写 20000，可变单元格是之前无公式的单元格 B2。

图 7-25　单变量求解设置

单击【确定】按钮后，系统会自动进行测算，结果如图 7-26 所示。

图 7-26　单变量求解结果

经过测算，王伟税前应发工资应该是 22634.59 元，三险一金 2263.46 元，应缴个税 371.13 元，税后工资正好是 20000.00 元。也可以用其他的数据进行测算。这比通过手工方式用不同数值试验方便得多，还非常准确。

在使用单变量求解时，目标单元格一定是已经通过公式计算出来的，可变单元格是常量。这样才能通过"倒推"的方式进行自动计算。

7.7.2　劳务报酬推算

在根据税后劳务费推算税前收入时，除了可以用【单变量求解】工具外，还可以根据转换后的不含税级距的个人所得税预扣率表，见图 7-27。

劳务报酬由扣缴义务人负担税款，不含税收入额为 3360 元（即含税收入额

个人所得税预扣率表				
(适用扣缴义务人负担税款,居民个人劳务报酬所得预扣预缴适用)				
级数	预扣预缴应纳税所得额	预扣率	速算扣除数	换算系数
1	未超过3360元的部分	20%	0	无
2	超过3360元至21000元的部分	20%	0	84%
3	超过21000元至49500元的部分	30%	2000	76%
4	超过49500元的部分	40%	7000	68%

图 7-27　劳务报酬个人所得税预扣率表（不含税级距）

4000 元）以上的，应当按照以下方法按次或者按月预扣预缴税款：

应纳税所得额 =（不含税收入额 - 速算扣除数）×（1 - 20%）÷（1 - 税率×（1-20%））

案例：中国公民李某为某公司提供工程设计，取得**税后收入** 54600 元。该公司需要为李某预扣预缴个人所得税是多少？

（1）取得税后收入 54600 元，超过 49500 元，适用税率 40%，速算扣除数 7000 元，换算系数 68%。

（2）劳务报酬所得预扣预缴应纳税所得额 =（54600-7000）×（1-20%）÷[1-(1-20%)×40%] = 56000 元，其中 [1-(1-20%)×40%] = 68%。

（3）适用税率 40%、速算扣除数 7000 元，劳务报酬所得预扣预缴税额 = 56000×40%-7000 = 15400 元。

即李某的税前劳务报酬为 54600+15400 = 70000 元。

第 8 章
「人力资源管理动态驾驶舱」

在全新的数字化时代背景下,为助力企业战略目标的实现,有计划地对人力资源进行合理配置,引入先进的数字化理念与高效的数字化工具,可以快速洞察各个管理环节中的机会与问题,调动员工的积极性,发挥员工的潜能,优化岗位配置,为企业创造价值,给企业带来效益。

在完成了人力资源数据的收集、整理和分析处理等流程后,如何用灵活、多样的可视化方式将前期的工作成果合理地进行展示,将成为人们关注的重点。

本章将介绍四象限图、Excel 表单控件、动态数据图表和 Power BI 数据处理工具,让信息通过可视化的方式高效地进行传递,知识结构思维导图如图 8-1 所示。

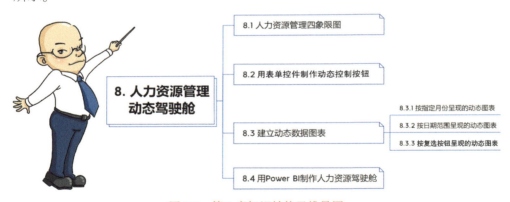

图 8-1 第 8 章知识结构思维导图

8.1 人力资源管理四象限图

在一些大型企业中都有一套完整的人才选拔机制,人力资源部门会通过调研、测试等一系列途径科学地对每名员工进行评估,并作为合理配置岗位人才,优化岗位配置的重要参考依据。在入职某些企业的过程中,人力资源部门往往也会对候选人进行一些评估,比如性格测试、领导力、创造力等,这类评估测试的最终结果往往是以分布类型的图表来展示,站在人力资源的角度,面对大量测试者的结果,为了快速区别每一名测试者对应的不同属性分组,四象限图是一种极为常用的查看分布情况的图表类型。

如图8-2所示,我们对十名员工启动了人才发展方向的评估,按照不同的维度,根据员工的测试结果,可以将这些员工匹配到不同的角色属性上。这种四象限图表的本质是Excel图表中的一种基本图表类型——XY散点图,核心的问题是如何快速在图表中标识出4个不同背景颜色的象限,以衬托每一个数据点的分布位置。

散点图作为一种基础类型的图表,它与柱形图、条形图和折线图等基础类型图表的本质区别在于这几种基础类型的图表默认由一个数值轴和一个表示文本标签的分类轴组成,而散点图是一个同时具有两个数值坐标轴的图表,因此可以表示两个数值型数据之间彼此的依存关系、分布特征等属性。如图8-3所示的表格中记录了通过测试得出的每名员工两个评估维度的分值,基于两个不同维度分值的正负关系,可以对每名员工进行四象限的分布。

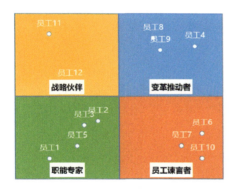

图8-2　四象限图示意　　　　图8-3　员工评价分析

在创建散点图的过程中,可以同时选中两列数据型数据,如表格中C3:D14的数据区域,然后执行【插入】-【XY散点图】,得到如图8-4所示的默认效果,这里注意,在选中数据源的过程中一定不要同时选中每个数据点的标签对应的数据区域B3:B14。

接下来解决四象限背景的问题,如果手动绘制4个颜色不同的矩形形状并置于每个象限的底层,也可以初步实现这种效果,但这种手动绘制的图形与图表本身是割裂的两个对象,无法根据数据的更新而自动调整,例如在当前的实例中,4个象限的划分标准是维度A与维度B各自的0值点,通过两个维度的正正、正负、负正、负负的关系形成4个象限,如果未来调整了划分的标准,不再是当前的(0,0)点,那么手动绘制的背景形状是不会随着划分标准的变化而自动调整背景颜色区域，因此需要使用一个更为高效的方法来实现这一功能。

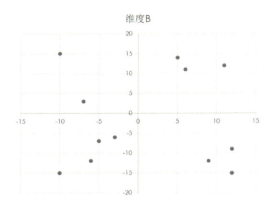

图 8-4　人力资源四象限散点图

在 Excel 中使得图表更为专业，更具有个性化的常用途径一般分为两类，一类是修改图表组成元素的格式，通过布局设计，颜色搭配，逐步完善图表的整体视觉效果，另一类是借助辅助数据来实现，这也是本节的案例中要使用的方法。

步骤 1：准备辅助数据。

图 8-5 中的 C16：D18 区域，在 4 个单元格中同时输入数值 1，如何将这样一个辅助数据和四象限颜色背景关联起来？可以借助堆积柱形图。

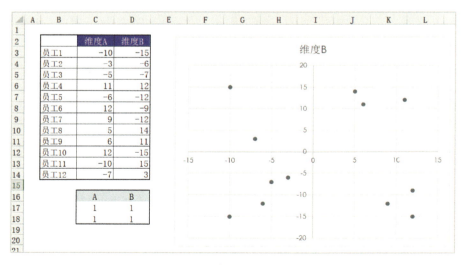

图 8-5　散点图辅助数据

步骤 2：为散点图添加新系列。

选中散点图，在【图表设计】选项卡中执行【选择数据】命令，启动如图 8-6 所示的对话框，为了将辅助数据补充添加到当前的图表中，需要在当前数据系统的基础上继续执行【添加】，将辅助区域中的 4 个 1，以数对的方式先后添加至两个新的系列中，如图 8-7 所示。

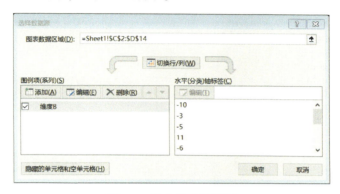

图 8-6　散点图选择数据

步骤 3：设置次坐标轴。

添加完成后，我们会发现图表中出现了两个新的数据点。由于这两个点并非真正的数据点，仅仅是为了制作四象限的背景，所以为了将辅助数据点与实际数据区别处理，需要分别将这两个点的坐标轴属性设置为"次坐标轴"，如图 8-8 所示。

图 8-7　添加辅助数据

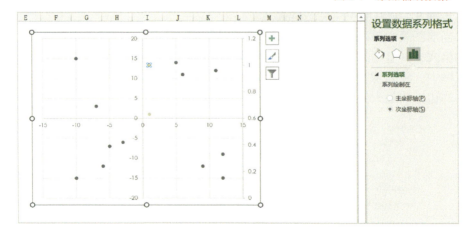

图 8-8　设置散点图次坐标轴

步骤 4：更改图表类型为"堆积柱形图"。

将调整完坐标轴属性的辅助数据点，在图表中展示的方式从默认的散点图调整为堆积柱形图。右键单击辅助数据点，执行【更改数据系列图表类型】，在弹出的如图 8-9 所示的对话框中，选择后续添加的两个辅助系列，将图表类型指定为堆积柱形图。

图 8-9　更改图表类型

步骤 5：调整堆积柱形图格式。

当前图表中显示了散点图与堆积柱形图的效果，需要进一步调整堆积柱形图的格式，并重新选择堆积柱形图数据范围。在堆积柱形图设置数据系列格式对话框中，将间隙宽度设置为 0%，如图 8-10 所示；同时将柱形图次纵坐标轴选项中的边界的最大值设置为 2，如图 8-11 所示。

图 8-10　调整图表系列间隙宽度

图 8-11　设置图次纵坐标轴的最大值

完成后的效果如图 8-12 所示，最后将多余的坐标轴全部隐藏，将堆积柱形图的每一部分柱形设置成不同的颜色。至此，一个以不同颜色为背景衬托的四象限散点图就设计完成了。相信随着数据可视化技能的不断提升，我们会在越来越多的情景下通过添加辅助数据的方式来丰富图表展示的效果。

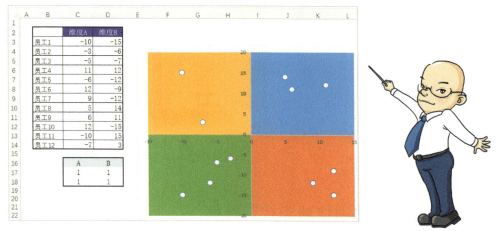

图 8-12　不同背景的散点图效果

步骤 6：添加数据标签。

为堆积柱形图添加数据标签，位置选择"轴内侧"，见图 8-13。

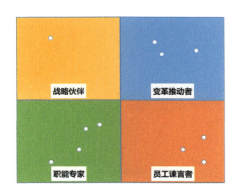

图 8-13　为堆积柱形图添加数据标签

为散点图添加数据标签，默认是数字，需要显示员工姓名，可以在【设置数据标签格式】中选择【单元格中的值】，选取员工姓名范围，可以批量将员工姓名添加到散点图上，如图 8-14 所示。

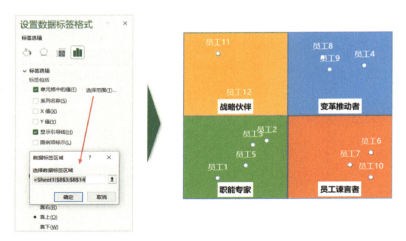

图 8-14　为散点图批量添加员工姓名标签

8.2 用表单控件制作动态控制按钮

在 Excel 中，表单控件可以动态调整单元格中的数值，常用的有复选框、单选按钮、分组框、数值调节钮、滚动条、列表框和组合框等，如图 8-15 所示。表单控件是做交互式的图表或者动态图表的基础。

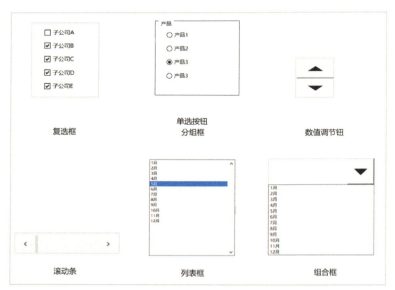

图 8-15　Excel 表单控件常用样式

第 8 章 人力资源管理动态驾驶舱

要使用表单控件,首先要开启开发工具,可在【文件】-【Excel 选项】-【自定义功能区】对话框中,启用【开发工具】按钮。在 Excel 选项卡中,通过【开发工具】-【插入】-【表单控件】即可,如图 8-16 所示。

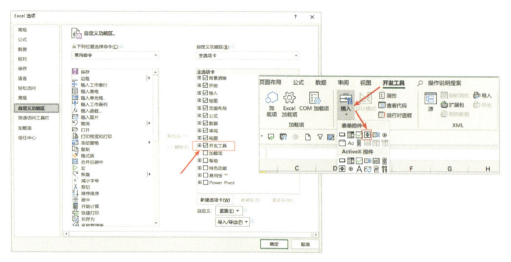

图 8-16　添加表单控件按钮

所有的表单控件需要设置控件格式,不同的表单控件的设置内容不一样,但是其中都有一个共有的"单元格链接",也就是所有的表单控件要控制某一个单元格,再通过函数和设置来控制其他的区域和数据,从而形成一个动态的可视化图表。

下面主要介绍数值调节钮、复选框、单选按钮和组合框 4 种表单控件。

1. 数值调节钮

数值调节钮有一个向上向下的箭头,可以快速地调整数据的变化,在【设置控件格式】里可以设置当前值、最小值、最大值、步长和单元格链接,如图 8-17 所示。

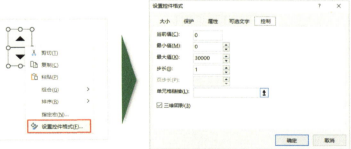

图 8-17　数值调节钮的控件格式设置

步长就是单击一次箭头，数据变化的幅度。数值调节钮最小值是 0，最大值就是 30000，如果数据超过 30000 了，要用公式和函数做二次放大或者是缩小。

2. 复选框

复选框的外观是空方框，选中时会在框中打对号（√），链接的单元格会显示"TRUE"，未选中时链接的单元格会显示"FALSE"，如图 8-18 所示。

图 8-18　复选框效果示意

3. 单选按钮

单选按钮会根据选择的项目，在链接单元格中显示对应的顺序号，学历的选择效果见图 8-19。

图 8-19　用单选按钮实现学历的选择

如果有多个组的单选，比如学历和性别的选择，就需要用分组框给它分组，如果不分组，那么这几个单选项目之间就互相影响，只能选一个了。

可以添加分组框，两组单选按钮就不会互相影响了，如图 8-20 所示。

图 8-20　用分组框规范单选按钮

4. 组合框

组合框又称下拉菜单，可以从指定的数据源中下拉选取项目，在链接的单元格中显示选取的顺序号，如图 8-21 所示。

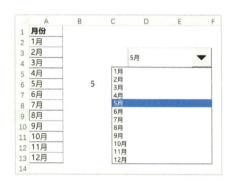

图 8-21　组合框应用示意

8.3 建立动态数据图表

通常情况下，我们创建的数据图表都是静态图表。由于固定了图表数据源的范围，且没有任何与图表进行交互的途径，因此图表展示的内容仅会随着数据的变化而变化，无法选择指定的。

8.3.1 按指定月份呈现的动态图表

在数据可视化的过程中，如果一次性将所有数据展示在图表中，由于空间的限制造成内容过多，元素过于拥挤，图表的可读性将会大打折扣，影响信息的传递，见图 8-22。

图 8-22　元素过于拥挤的柱形图

我们可以在工作表中引用交互功能，基于用户的交互，有选择性地提取部分数据并展示在图表中。

如图 8-23 所示，通过组合框控制 G2 单元格，H2：I2 区域用 INDEX 函数获取指定月份的数值，在 H2 单元格中输入公式：

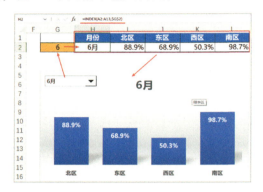

图 8-23　用表单控件+INDEX 函数制作动态图表

```
=INDEX(A2:A13,$G$2)
```

右侧的单元格中也填充对应的公式，选取 H1：I2 制作柱形图即可，按图 8-23 示意的方向实现动态控制。按月份呈现的动态图表效果如图 8-24 所示。

 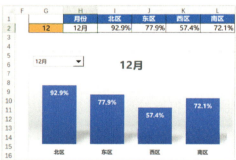

图 8-24　按月份呈现的动态图表示意

8.3.2　按日期范围呈现的动态图表

企业中经过多年积累，会有很多时间段的历史数据，这些历史数据可以生成数据图表，很好地辅助管理决策。图 8-25 中记录了自 2018 年 1 月到 2022 年 12 月共 60 个月的离职率，可以根据指定日期和范围生成动态折线图。

这里主要介绍功能实现的几个关键步骤。

第 8 章
人力资源管理动态驾驶舱

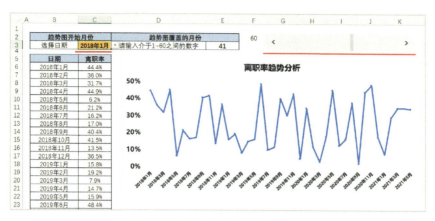

图 8-25　按日期范围呈现动态图表

关键步骤 1：起始日期的下拉列表，主要用到【数据验证】中的【序列】功能。

关键步骤 2：计算趋势图覆盖的动态最大月份数，在 F2 单元格中输入公式：

```
=COUNTA(B6:B65)-MATCH(C3,B6:B65,0)+1
```

在 D3 单元格中可以实现如图 8-26 示意的动态提示文本，输入公式：

```
="请输入介于 1~"&F2&"的数字"
```

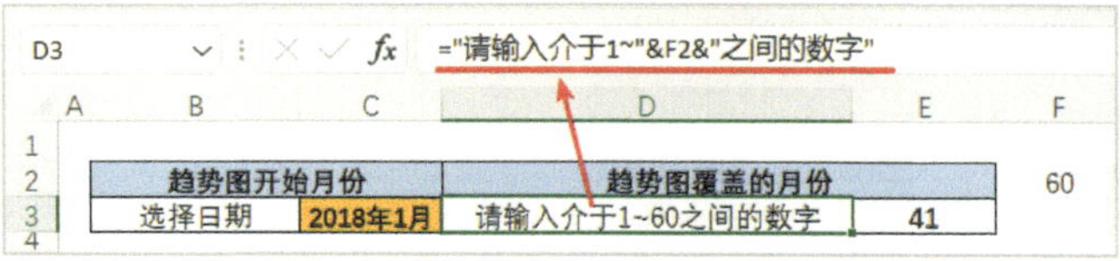

图 8-26　动态提示文本

关键步骤 3：建立横向滚动条，最小值为 1，最大值为 60，步长为 1，页步长为 10，单元格链接是 $E$3，见图 8-27。

关键步骤 4：创建动态名称，用到 OFFSET 偏移函数和 MATCH 匹配函数，建立由两个动态因素（起始位置和跨度）决定的动态数据区域。

建立动态月份区域的名称"月份"，如图 8-28 所示，公式如下：

```
=OFFSET(动态日期范围图表!$B$5,MATCH(动态日期范围图表!$C$3,动态日期范围图表!$B$6:$B$65,0),0,动态日期范围图表!$E$3,1)
```

建立动态离职率数据的区域名称"离职率"，公式如下：

图 8-27　滚动条的控件格式设置

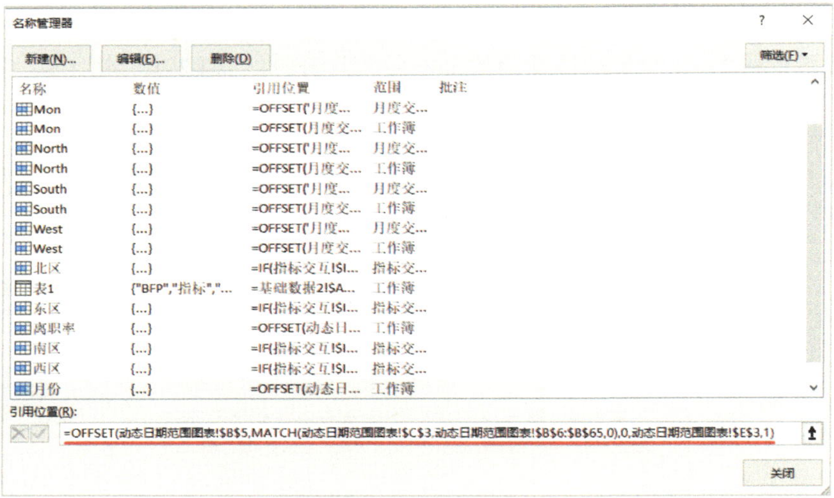

图 8-28　月份名称公式

> =OFFSET(动态日期范围图表！$C$5,MATCH(动态日期范围图表！$C$3,动态日期范围图表！$B$6:$B$65,0),0,动态日期范围图表！$E$3,1)

关键步骤 5：创建折线图。

完成两个区域的名称后，按照图 8-29 与图 8-30 所示，将两个刚刚创建的名称分别绑定到图表的数据源系列与分类标签的位置。

在输入区域名称时，前方要输入工作表名称，并用叹号（！）连接。此时图表的数据源已经和工作表中 C3 与 E3 单元格的数据建立了关联。

第 8 章
人力资源管理动态驾驶舱

图 8-29　折线图的数据系列

图 8-30　折线图的轴标签

由于图表可以容纳的数据点的多少是由最后一个数据点和起始点来决定的，因此每次当用户选中了图表的起始月份后，可以展示在图表中数据点的数量会随之变化，如果 E3 单元格中的数值超过了起止点之间数据点的个数，图表将会显示多余的空白。

8.3.3　按复选按钮呈现的动态图表

在实际工作中，常常需要将多个指标在图表中进行展示，如果为每一个指标维度创建一个图表，效率会变得很低。如果可以通过复选按钮，由用户交互来决定哪些指标维度展示在图表中，就可以灵活地用一张图表解决问题，见图 8-31。

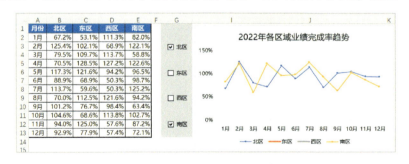

图 8-31　按复选按钮呈现的动态图表

本例中一共有 4 个表示区域维度的数据，我们希望勾选对应复选按钮的区域就可以在折线图中展示，反之取消勾选的维度不出现在图表中。

步骤 1：插入 4 个复选按钮。

借助"设置控件格式"对话框指定单元格链接，使得单元格链接中的值可以识别复选按钮的状态，过程见图 8-32。

图 8-32　复选按钮示意

步骤 2：创建 4 个动态名称。

当复选按钮选中时，将名称指向实际的数值区域，反之将名称映射到一列空白的区域上，当图表的数据源引用了一列空白区域时，折线自然会隐藏。

4 个区域的名称公式如下：

北区 = IF(指标交互! ＄H＄3 = TRUE, 指标交互! ＄B＄2 : ＄B＄13, 指标交互! ＄F＄2 : ＄F＄13)

东区 = IF(指标交互! ＄H＄6 = TRUE, 指标交互! ＄C＄2 : ＄C＄13, 指标交互! ＄F＄2 : ＄F＄13)

西区 = IF(指标交互! ＄H＄9 = TRUE, 指标交互! ＄D＄2 : ＄D＄13, 指标交互! ＄F＄2 : ＄F＄13)

南区 = IF(指标交互! ＄H＄12 = TRUE, 指标交互! ＄E＄2 : ＄E＄13, 指标交互! ＄F＄2 : ＄F＄13)

步骤 3：创建折线图。

折线图中的 4 个系列分别和 4 个区域名称对应，见图 8-33。

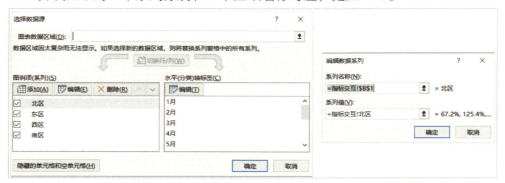

图 8-33　设置折线图数据系列

这样就可以实现图 8-31 所示的动态选择和动态呈现的效果。

8.4 用 Power BI 制作人力资源驾驶舱

Microsoft Power BI 是一套基于云的商业智能工具，可以帮助读者通过可视化和交互式报告来分析与查看业务数据。所有重要的应用程序和数据库可以集中到一个仪表板中，读者可以轻松地在多个设备上创建、更新、组织和共享报告，实时获取数据分析见解，从而辅助企业管理决策。

Power BI 可以将所有企业数据转换为图表，以有意义的方式直观呈现数据，有助于简化工作，并提高工作效率。Power BI 产品技术包括两套解决方案，这两套方案具体如何选择，可以根据下面情况来决定：

（1）Power BI 在线服务与 Power BI 客户端。
- 需要丰富直观的报表，进行数据分析展示。
- 需要在线发布、分享数据分析结果。
- 现有的 Office 版本较低，Excel 不能支持最近加载的工具。

（2）Excel Power 组件：Power Query、Power Pivot、Power View、Power Map。
- Office 已经升级到 2016 及以上版本（仅专业增强版提供）；低版本需要单独安装插件，但插件更新不及时。
- 希望提升 Excel 数据处理分析能力，日常数据分析主要在 Excel 中完成，可以选择 Excel Power 组件。

Excel 和 Power BI 在数据分析流程上的区别可以参考图 8-34。

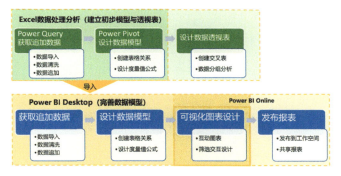

图 8-34　Excel 和 Power BI 在数据分析流程上的区别

Power BI Desktop 是我们进行数据可视化分析最主要的工具。下载 Power BI Desktop，可以访问微软 Power BI 产品网站 https：//powerbi.microsoft.com/zh-cn/desktop/，推荐选择"查看下载或语言选项"这个链接，见图 8-35。

图 8-35　微软 Power BI 产品网站界面

用 Power BI 可以轻松制作图 8-36 类似效果的动态数据指标驾驶舱，有兴趣的伙伴可以深入研究，也可以参考机械工业出版社出版的《Power BI 商务智能数据分析》一书。

图 8-36　Power BI 动态数据指标驾驶舱示意

附 录

常见Excel快捷键

笔者将 Excel 软件中常用的快捷键，综合工作中常用的操作，做了一份 Excel 实用快捷键汇总表供读者参考。

Excel 实用快捷键汇总表

类别	序号	快捷键	说明
表格选择	1	Ctrl+ 箭头键	移动到当前数据区域的边缘
	2	Home	移动到行首
	3	Ctrl+Home	移动到工作表的开头
	4	Alt+Page Down	向右移动一屏
	5	Alt+Page Up	向左移动一屏
	6	Ctrl+Page Down	移动到工作簿中下一个工作表
	7	Ctrl+Page Up	移动到工作簿中前一个工作表
	8	Ctrl+A	选定整个工作表
	9	Alt+；（分号）	只选定当前选定区域中的可视单元格
	10	Ctrl+Shift+ 箭头键	选定同行同列的最后非空单元格
数据管理	11	Alt+Enter	在单元格中换行
	12	Ctrl+Enter	用当前输入项填充选定的单元格区域
	13	Alt+↓	显示本列已经输入的不重复列表
	14	F9	显示公式结果
	15	F4	在公式中使用绝对地址，添加 $
	16	Ctrl+；（分号）	输入系统当天日期
	17	Ctrl+E	快速填充
	18	Ctrl+T	区域转换成表格
	19	Ctrl+F3	显示公式管理器窗口

（续）

类　　别	序号	快　捷　键	说　　明
工作表操作	20	Ctrl+9	隐藏行
	21	Ctrl+0（零）	隐藏列
	22	Shift+F11	插入新工作表
	23	Ctrl+F	查找
	24	Ctrl+H	替换
	25	F4	重复上一步操作
	26	F5	显示"定位"对话框
	27	Alt+F8	显示"宏"对话框
	28	Alt+F11	显示"Visual Basic 编辑器"
	29	Alt+D+P	显示数据透视表向导